머 리 말

    이 책은 우리가 반드시 배우고 지켜야 할 생활규범과 어른을 공경하는 법도를 구체적이고 자세히 가르치는 생활철학이 담긴 사자소학(四字小學)입니다.

    우리 선조들이 서당에서 공부할 때 제일 먼저 익히던 내용이며 어린 나이에도 공부할 수 있는 현대의 교과서라고 하겠습니다.

    이 사자소학은 모두가 사자로 이루어진 글로서 한문학습은 물론이고 어린이들이 부모들 앞에서의 몸가짐과 마음가짐을 너무나 잘 가르쳐 주는 글입니다.

    오늘날 컴퓨터에 밀려 한문공부에 등한시하는 이때에 어려운 한자를 쉽게 익히고 빨리 잘 익히도록 다음과 같이 노력했습니다.

    1. 한자의 필순에 따라 1자 1자를 쓰기 글씨체에 따라 써 보도록 위에 필순을 보이고 글자를 반복하여 잘 쓰게 했습니다.

    2. 이 책을 공부하는 사람은 맨 먼저 글자의 모양과 뜻을 익히고 훈과 음을 배우도록 합니다.

    외래어인 한자를 배울 때는 어제 배운 한자는 오늘의 학습에 앞서 반드시 복습한 뒤 아울러 익히도록 하면 매우 효과적입니다.

엮은이
임 성 호

한자를 바르고 아름답게 쓰려면

(1) 한자의 획과 획수

한자를 이루는 하나하나의 점과 선을 '획'이라 하고, 한자 한 글자를 쓸 때, 한 번 붓을 대었다가 뗄 때까지 그은 점이나 선을 1획으로 셈하여 한 글자를 몇 획으로 쓸 수 있는가를 헤아린 것을 '획수'라고 한다.

그런데, 한자의 다양하고 복잡한 듯한 이 획은 한자의 모양과 뜻을 명확하게 구별지어 주는 기본 요소가 되므로 바로 이해하여야 한다.

※ 기본 획의 명칭과 그 쓰임

모양	이름	예	모양	이름	예
丶	꼭지점	六 字 永	ㄴ	왼꺾음	亡 凶 齒
ノ	왼점	小 忠 烈	ノ	삐침	九 失 月
ヽ	오른점	公 示 治	ㄱ	꺾어삐침	又 奴 反
ˇ	치킨점	心 光 炎	ノ	치킴	江 冷 婦
一	가로긋기	三 王 五	丶	파임	八 入 合
｜	내리긋기	川 下 正	～	받침	近 進 建
亅	왼갈고리	丁 寸 水	ヽ	지게다리	式 成 我
レ	오른갈고리	民 良 氏	ㄴ	누운지게다리	心 必
ㄱ	평갈고리	了 空 皮	ㄴ	새가슴	兄 孔 乳
)	굽은갈고리	子 手 承	乙	새을	乙 九 凡
ㄱ	꺾음갈고리	力 向 舟	ㄟ	봉날개	飛 風 楓
ㄱ	오른꺾음	日 目 曲	ㄣ	좌우격음	弓 弟 弗

(2) 한자의 모양을 꾸미는 법

한자의 모양을 보다 안정되고 아름답게 나타내기 위한 것으로, 보통 다음과 같은 개형(概形 : 대체로 본 형상)에 따라 그 모양을 꾸민다.

개형	설명	예	개형	설명	예	개형	설명	예
□	거의 정사각형으로	固 國 問	⊞	세로 3등분으로	樹 謝 鄕	◇	비꼈지만 중심이 잡히도록	小 力 多 母
▯	직사각형(길죽하게)	日 目 身	⊞	가운데가 크고, 또는 반대	街 仰 湖	⬠	왼쪽 직선, 바른쪽 아래가 넓게	乙 巳 色
▭	직사각형(넙죽하게)	四 心 血	머리/발	가로 2등분(머리, 발 거의 같게)	惡 盛 想	□	위에서 덮어 씌운 것처럼	空 室 完
△	삼각형, 아래가 넓게	生 未 正	⊟	발이 2등분, 머리가 2등분	霜 露 驚	≡	아래·위 선이 젖혀지게(변화)	三 王 五 至
▽	삼각형, 위가 넓게	下 市 言	⊤	머리가 크고 발을 작게	皆 習 賀	)(	밖으로 휘어 젖혀지게	月 用 丹
◇	전체 모양이 마름모로	今 寺 景	⊥	머리가 작고 발을 크게	忠 思 星	( )	안으로 오므려 둥근 맛이 나게	田 向 面
○	원형(둥글게)	安 赤 學	▱	변보다 몸을 조금 내려서	好 郡 師	‖‖	세로획의 간격이 대강 같게	川 則 前
변│방	변과 방(몸)을 같은 크기로	新 朝 願	⊢	변을 작게	呼 味 時	≡	가로획의 간격이 대강 같게	里 皇 畫
▯▯	변을 작게	江 憶 獨	⊣	몸을 작게	加 和 私	✳	획과 획의 간격을 알맞게	水 永 光
▯▯	방을 작게	列 判 到	⊥	위를 평평히, 아래를 평평히	明 野 記	╱	가로획의 오른쪽을 올려서	七 九 也

획순의 일반적인 원칙

위로부터 아래로
三　言　音　多　眞　壹

가로획을 먼저
十　寸　土　木　世　原

왼편을 먼저
川　仁　江　別　特　祝

가운데를 먼저
小　山　水　出　樂　變

바깥 부분(몸)을 먼저
火　同　風　國　間　登

꿰뚫는 획은 나중에
中　車　事　女　每　冊

받침 중 독립자로 쓰이지 않는 것은 맨 나중에, 독립자로 쓰이는 것은 먼저
延　建　道　通　먼저 題　먼저 起

삐침과 가로획
右　布　有　左　友　在

삐침의 선후
九　及　皮　刀　力　方

永字八法(영자 팔법)

모든 한자(漢字)에 공통으로 적용되는 획(畫)의 운필법(運筆法; 붓을 놀려 쓰는 방법)을 '永(영)'자의 여덟 가지 획으로써 설명한 것으로, 중국 후한(後漢) 때의 문인이며 서가(書家)였던 채 옹(蔡邕; 132~192)이 고안하였다고 한다.

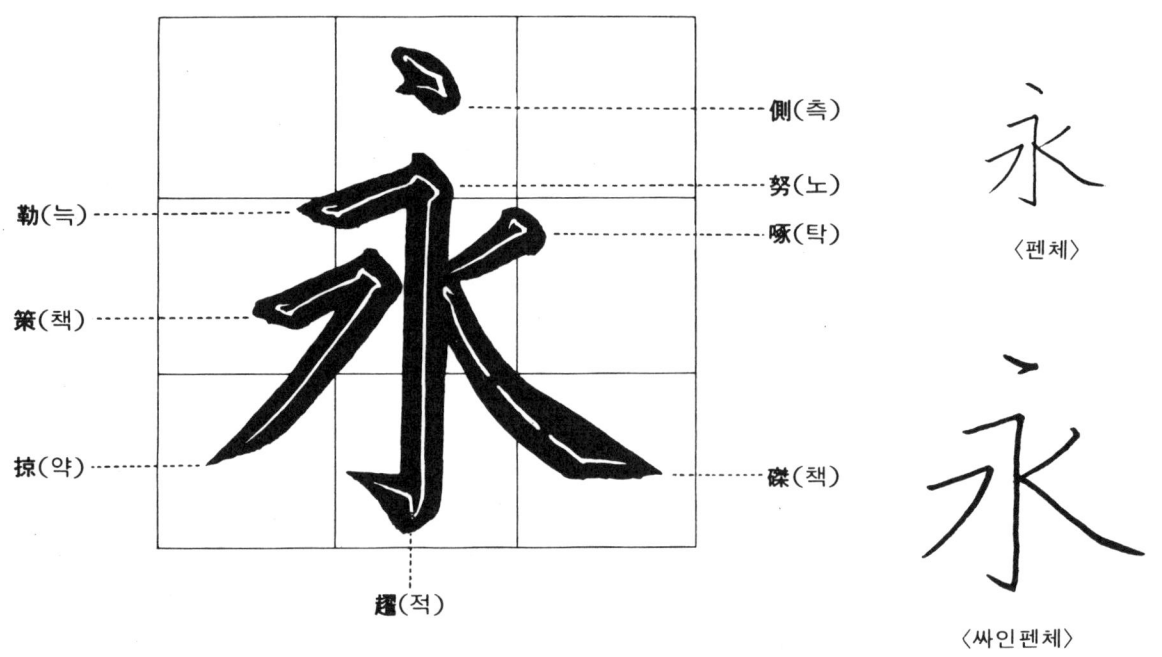

ヽ	側(측)	점 찍는 법	가로로 눕히지 않는다.
一	勒(늑)	가로 긋는 법	수평을 꺼린다.
丨	努(노)	내리긋는 법	수직으로 곧바로 내려 힘을 준다.
亅	趯(적)	올려 치는 법	갈고리로, 송곳 같은 세력을 요한다.
ノ	策(책)	오른쪽으로 치키는 법	치침으로, 우러러 거두면서 살며시 든다.
ノ	掠(약)	길게 삐치는 법	삐침으로, 왼쪽을 가볍게 흘려 준다.
ノ	啄(탁)	짧게 삐치는 법	짧은 삐침으로, 높이 들어 빨리 삐친다.
ヽ	磔(책)	파임하는 법	가볍게 대어 천천히 오른쪽으로 옮긴다.

한자 공부의 기초

1 한자의 3요소(특징)

한자(漢字)는 뜻글자[표의 문자]이다.

우리 글자는 소리 글자[표음 문자]이어서, 이를테면 우리말로 '나무'란 뜻을 가진 말을 나타낼 때는 '나무'라는 모양으로 쓰고, 또 소리도 '나무'라 읽는다. 그러나, 한자에서는 우선 '木'과 같은 모양으로 쓰고, '목'이라고 읽으며 '나무'란 뜻으로 새긴다.

모든 한자는 글자마다 이와 같은 일정한 모양·소리·뜻을 갖추고 있어서 한자 공부라고 하면 이 세 가지를 한 덩어리로 동시에 익히는 일이다.

(1) 한자의 모양[형〈形〉]

한자가 지닌 일정한 모양으로 다른 글자와 구별되는 요소이다.

'人'과 '木'자처럼 '사람'이나 '나무' 모양을 본뜬 그림이 발전하여 일정한 모양을 갖는 글자도 있고, 또한 '人(인:사람)'과 '木(목:나무)'이 서로 결합하여 '休(휴:쉬다)'자와 같이 2자 이상이 모여 이루어진 글자도 있다.

(2) 한자의 소리[음〈音〉]

'人'을 어떻게 읽는가 하는 것이 '음'이다. 이 글자는 음이 '인'이고, '사람'이란 뜻이다.

한자도 1자 1음이 원칙이기는 하나 1자 2음, 또는 1자 3음도 있다. 예를 들면 '樂'자를 '락'이라고 읽으면 '즐겁다'는 뜻이지만, '악'이라고 읽으면 '노래'란 뜻이 되고, '요'라고 하면 '좋아하다'의 뜻이 된다.

(3) 한자의 뜻[의〈義〉]

의(義)를 우리말로는 '뜻'이라 하고, 이 한자의 뜻을 우리말로 새긴 것을 훈(訓)이라고 한다. 한자는 뜻글자이기 때문에 제각기 고유한 뜻을 지니고 있는데, 인류의 문화가 날로 발달하고 사회가 복잡해지면서 이 한자의 뜻도 이에 따라 차츰 그 뜻이 갈려져 나가 10여 가지나 되는 것도 있다. 이를테면 '日'자가 어느 때는 '해'이고, 또 어떤 경우에는 '날'의 뜻이 되는가를 한자어나 한문에서 그때 그때 익혀야 한다.

2 한자의 짜임

일정한 모양·뜻·소리의 세 가지 요소를 지닌 한자가 어떤 원칙 아래에서 어떤 모양으로 이루어졌는가, 또 그렇게 만들어진 한자는 어떻게 쓰이는가 하는 것은 한자를 만든 원리와 활용하는 원리로서, 곧 육서(六書)라고 한다.

한자를 육서로 분류한 것은 후한(後漢) 때의 학자 허 신(許愼)이 지은 '설문해자(說文解字)'에 의해서 처음으로 이루어졌다.

(1) 한자를 만든 원리

상형(象形) 어떤 사물의 모양을 그린 그림이 발전하여 글자를 이룬 것.

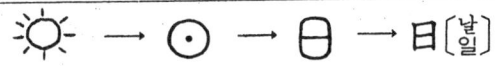

이것은 태양[해]의 모양을 본뜬 그림이 차츰 발전하여 '日(일:해)'자가 되기까지의 과정을 보인 것인데, 이와 같이 사물의 모양을 본뜬 글자를 '상형자'라 한다.

지사(指事) 그림으로 나타낼 수 없는 것을 점이나 선, 혹은 부호로써 그 뜻을 나타낸 것이 발전하여 이루어진 글자.

一 → 一 [한 일]

'하나'라는 뜻을 그림으로 나타낼 수 없기에 가로로 한 획을 그어 '하나'의 뜻을 나타낸 것이 '一(일:하나)'자가 되었는데, 이와 같이 점이나 선, 혹은 부호로써 그 뜻을 나타낸 글자를 '지사자'라 한다.

회의(會意) 이미 만들어진 상형자나 지사자의 뜻을 둘 이상 합쳐서 새로운 뜻을 나타낸 글자.

日[해 일] + 月[달 월] → 明[밝을 명]

해가 있는 곳이나 달이 있는 곳은 언제나 밝기 때문에 '밝다'라는 뜻을 나타내기 위하여 상형자인 '日'과 '月'을 결합하여 만든 글자가 '明[명:밝다]'자인데, 이와 같이 '뜻'을 모은 글자를 '회의자'라 한다.

형성(形聲) 이미 있는 글자를 모아서 새로운 뜻의 글자를 만들되, 그 글자의 한쪽은 '뜻'을 나타내고 다른 한쪽은 '음'을 나타내는 글자.

工[장인 공](음 부분) + 力[힘 력](뜻 부분) → 功[공 공]

사람의 공적은 힘을 써야 비로소 이루어진다는 생각에서 '力'자를 뜻 부분으로 삼고, 'ㄱ'을 그 음 부분으로 삼은, 이와 같은 글자를 '형성자'라 한다.

(2) 한자의 운용 원리

전주(轉注) 상형·지사·회의·형성의 4 가지 원리만으로서는 늘어나는 새로운 뜻을 표현할 수 없으므로, 이미 있는 한자의 뜻을 늘여서 사용하는 방법으로 '惡(악 : 악하다)'한 일은 누구나 싫어한다는 데서 '미워할 오'로 뜻이 바뀌는 따위다.

가차(假借) 글자의 뜻과 관계 없이 '음'만 빌어 쓰는 방법이다. 예를 들면 '基督(기독)'은 '그리스도'를 그 뜻과는 상관 없이 음만 빌어 쓰는 따위이다.

3 한자의 부수(部首)

부수란 자전(字典)이나 옥편(玉篇)에서 글자를 찾는 데 필요한 길잡이 구실을 하는 기본 글자를 말한다.

한자의 부수 글자는 1획에서 17획까지 모두 214 자이다.

부수에는 한 글자의 일정한 위치에만 쓰이는 것도 있고, 여러 자리에 들어가서 쓰이는 것도 있다. 또한 부수가 놓이는 자리에 따라 그 모양이 바뀌는 것도 있다. '手(손 수)'가 '변'의 자리에 쓰일 경우 '扌(재방변)'로 바뀌는 따위이다.

(1) **변** : 부수가 그 글자의 왼쪽을 이루는 것을 '변'이라 한다.

　　扌(手)〈재방변(손 수)〉: 指(지)
　　氵(水)〈삼수변(물 수)〉: 江(강)

(2) **방** : 부수가 그 글자의 오른쪽을 이루는 것을 '방'이라 한다.

　　刂(刀)〈선칼도(칼 도)〉: 則(칙)
　　攵(攴)〈등글월문〉: 敎(교)
　　頁〈머리 혈〉: 頭(두)

(3) **머리** : 부수가 그 글자의 위쪽을 이루는 것을 '머리'라 한다.

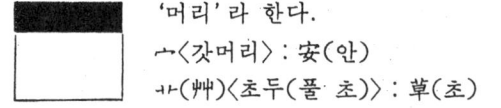
　　宀〈갓머리〉: 安(안)
　　艹(艸)〈초두(풀 초)〉: 草(초)

(4) **발** : 부수가 그 글자의 밑을 이루는 것을 '발'이라 한다.

　　心〈마음 심〉: 念(념)·忠(충)
　　儿〈걷는 사람 인〉: 兄(형)·光(광)
　　皿〈그릇 명〉: 益(익)·盡(진)

(5) **엄호** : 부수가 그 글자의 위와 왼쪽을 이루는 것을 '엄호'라 한다.

　　戶〈지게 호〉: 房(방)
　　广〈엄호〉: 庭(정)
　　尸〈주검 시〉: 居(거)

(6) **에운담** : 부수가 그 글자의 둘레나 밑이 터진 삼면을 감싸거나, '변'과 '방'의 양쪽에 부수가 붙는 것을 '에운담'이라 한다.

　　口〈큰입구〉: 困(곤)

　　門〈문 문〉: 問(문)·間(간)

　　行〈다닐 행〉: 街(가)·術(술)

(7) **받침** : 부수가 그 글자의 왼쪽에서 밑을 받치는 것을 '받침'이라 한다.

　　辶(辵)〈책받침〉: 遠(원)
　　走〈달릴 주〉: 起(기)
　　廴〈민책받침〉: 建(건)

(8) **부수자(제 부수)** : 부수가 그 글자의 전체를 이룰 때 부수자(부수 글자)라 한다.

4 한자의 자획과 필순

필순이란 하나의 글자를 이루고자 할 때, 그 글자를 이루어 가는 차례를 말한다.

한자의 필순은 꼭 이렇게 써야 한다는 절대적인 규칙이 있는 것은 아니나, 오랜 세월에 걸쳐 여러 사람의 체험을 통해 정해진 전통적인 필순이 있다. 이 전통적인 필순에 따라 한자를 쓸 때 비로소 쓰기가 쉬울 뿐만 아니라, 쓴 글자의 모양도 아름다워지고, 획순도 정확하게 셀 수 있다.

필순에 맞게 한자를 쓴다는 것은 곧, 바른 한자 학습의 기초를 닦는 길이 된다.

1. **한자의 획** : 한자를 이루고 있는 선이나 점으로, 붓을 대어 한 번에 긋는 것을 '획'이라 한다. 곧 한자를 쓸 때에 한 번 붓을 대었다가 뗄 때까지 그어진 선이나 점이 곧, 1획이다.

이러한 선이나 점의 합친 수효를 '획수'라 이른다. 획에는 그 모양이 여러 가지인 것처럼 갖가지 명칭이 있다.

① 점으로 된 획
　ノ : 왼점　　　　　＼ : 오른점
　ㄥ : 오른점치킴　　＞ : 오른점삐침

② 직선으로 된 획

─ : 가로긋기　　│ : 내리긋기
⌐ : 평갈고리　　┐ : 오른꺾음
┘ : 왼갈고리　　└ : 오른갈고리
∟ : 왼꺾음

③ 곡선으로 된 획

丿 : 삐침　　　　㇏ : 파임
乚 : 지게다리　　㇏ : 누운지게다리
乙 : 새을　　　　勹 : 좌우꺾음
ˇ : 치킴　　　　 丶 : 받침
乚 : 새가슴　　　) : 굽은갈고리

2. 한자의 필순

(1) 필순의 대원칙

① 위에서 아래로 : 글자의 윗부분부터 아래로 써 내려간다.

三[석삼] 一 二 三

② 왼쪽에서 오른쪽으로 : 글자의 왼쪽에 있는 획부터 차츰 오른쪽 부분으로 써 나간다.

川[내천] 丿 丿丨 川

(2) 필순의 여러 가지 : 위의 2 대 원칙에 따르되 다음과 같은 복잡한 경우가 있으니 그때 그때 바르게 익혀 두도록 한다.

① 가로획과 세로획이 겹칠 때는 가로획을 먼저 쓴다.

十[열십] 一 十

② 한가운데 부분은 먼저 쓰고 좌우 양쪽은 나중에 쓴다.

小[작을소] 亅 亅丿 小

※ 위의 예외 : 좌우를 먼저 쓰고 한가운데 부분을 나중에 쓰는 다음과 같은 경우도 있으니 주의한다.

火[불화] 丶 丶丿 丷 火

③ 글자 전체를 꿰뚫는 세로획은 맨 나중에 쓴다.

中[가운데중] 丨 冂 口 中

④ 글자 전체를 꿰뚫는 가로획은 맨 나중에 쓴다.

女[계집녀] 丿 ㄑ 女

⑤ 둘러싸고 있는 자는 바깥 쪽을 먼저 쓴다.

同[한가지동] 丨 冂 冂 同

⑥ 삐침은 파임보다 먼저 쓴다.

文[글월문] 丶 亠 ナ 文

⑦ 받침은 다음의 두 경우로 나누어진다.

　첫째, 받침이 독립자로 쓰이는 '走'나 '是' 등은 먼저 쓴다.

起[일어날기] 土 キ 尹 走 起 起

　둘째, 독립자로 쓰이지 않는 '辶'나 '廴' 등의 받침은 나중에 쓴다.

道[길도] 丷 䒑 首 首 首 道 道

⑧ 오른쪽 위의 오른점은 맨 나중에 찍는다.

代[대신할대] 丿 亻 仁 代 代

5 자전(字典)의 이용법

1. 자전이란

한자의 글자 하나하나에 대한 음과 뜻 등을 설명하여 일정한 순서로 모아 놓은 책인데, 이를 옥편(玉篇)이라고도 한다.

이 자전에 한자로 된 단어나 성어까지 실어 풀이해 놓은 것을 '한한 사전(漢韓辭典)'이라고 한다.

2. 자전에서 한자를 찾는 방법

(1) 부수를 아는 한자일 때 : 찾고자 하는 한자가 어느 부수에 딸렸는가를 알 때에는,

먼저 자전의 면지나 첫머리에 붙어 있는 부수 색인에서 그 부수 글자가 몇 쪽에 실려 있는가를 알아서 그 쪽을 펼치고,

다음에, 찾고자 하는 한자에서 부수를 뺀 나머지 획수가 몇 획인가를 세어 그 획수의 한자를 모아 놓은 가운데에서 그 자를 찾는다.

(2) 부수를 모를 때 : 자전에는 본문 외에 '총획 색인'과 '자음 색인'이 붙어 있다.

'총획 색인'이란 그 한자의 총 획수를 기준하여 분류해 놓은 찾아보기이고, '자음 색인'은 그 한자의 음을 기준하여 분류해 놓은 찾아보기이다.

따라서, 총획수를 알 때에는 총획 색인으로, 음을 알 때에는 자음 색인으로 찾고자 하는 한자를 찾도록 한다.

한자의 약자·속자 일람표

본 자	약·속자	본 자	약·속자	본 자	약·속자	본 자	약·속자	본 자	약·속자
數	数	萬	万	壹	壱	貳	弍	參	参
수	수	일만	만	하나	일	둘	이	셋	삼
高	高	強	强	輕	軽	淺	浅	體	体
높을	고	강할	강	가벼울	경	얕을	천	몸	체
齒	歯	祖	祖	姊	姉	樂	楽	惡	悪
이	치	조상	조	누나	자	즐거울	락	악할	악
巖	岩	收	収	實	実	蟲	虫	氣	気
바위	암	거둘	수	열매	실	벌레	충	기운	기
嚴	厳	將	将	臣	臣	爲	為	國	国
엄할	엄	장수	장	신하	신	위할	위	나라	국
價	価	賣	売	學	学	歸	帰	經	経
값	가	팔	매	배울	학	돌아갈	귀	경영할	경
發	発	成	成	福	福	號	号	虛	虚
일으킬	발	이룰	성	복	복	번호	호	빌	허
傳	伝	晝	昼	讀	読	殺	殺	鄕	郷
전할	전	낮	주	읽을	독	죽일	살	고향	향

본자	약·속자	본자	약·속자	본자	약·속자	본자	약·속자	본자	약·속자
錢	銭	獨	独	世	卋	盡	尽	當	当
돈 전		홀로 독		세상 세		다할 진		마땅할 당	
晚	晚	城	城	眞	真	證	証	來	来
늦을 만		성 성		참 진		증거 증		올 래	
歡	歓	效	効	關	関	回	囬	會	会
기뻐할 환		효험 효		관계 관		돌이킬 회		모일 회	
應	応	兩	両	敎	教	榮	栄	神	神
응할 응		두 량		가르칠 교		영화 영		정신 신	
戰	战	對	対	壯	壮	絲	糸	面	靣
싸움 전		대할 대		장할 장		실 사		낯 면	
處	処	舊	旧	觀	観	佛	仏	擧	挙
곳 처		예 구		불 관		부처 불		들 거	
勸	勧	豐	豊	充	充	變	変	續	続
권할 권		풍년들 풍		찰 충		변할 변		이을 속	
畫	画	從	従	異	異	與	与	燈	灯
그림 화		좇을 종		이상할 이		더불어 여		등잔 등	

部首漢字

1 획
- 一 한 일
- ㅣ 뚫을 곤
- 丶 점 주
- ノ 삐칠 별
- 乙 새 을
- 亅 갈고리 궐

2 획
- 二 두 이
- 亠 音 '두'訓은 未詳
- 人(亻) 사람 인
- 儿 어진사람 인
- 入 들 입
- 八 여덟 팔
- 冂 멀[遠] 경
- 冖 덮을 멱
- 冫 어름 빙[冰]
- 几 안석 궤
- 凵 입벌릴 감
- 刀(刂) 칼 도
- 力 힘 력
- 勹 쌀[包] 포
- 匕 비수 비
- 匚 상자 방
- 匸 감출 혜
- 十 열 십
- 卜 점 복
- 卩(㔾) 병부 절
- 厂 언덕 한
- 厶 사사(私事) 사
- 又 또 우

3 획
- 口 입 구
- 囗 나라 국
- 土 흙 토
- 士 선비 사
- 夂 뒤처올 치
- 夊 천천히 걸을 쇠
- 夕 저녁 석
- 大 큰 대
- 女 계집 녀
- 子 아들 자
- 宀 집 면
- 寸 마디 촌
- 小 작을 소
- 尢(尣) 절름발이 왕
- 尸 주검 시
- 屮 왼손 좌·싹날 철
- 山 메[뫼] 산
- 巛(川) 내 천
- 工 장인(匠人) 공
- 己 몸 기
- 巾 수건 건
- 干 방패 간
- 幺 작을 요
- 广 집 엄
- 廴 끌 인
- 廾 팔짱낄 공
- 弋 주살 익
- 弓 활 궁
- 彐(彑) 돼지머리 계
- 彡 터럭 삼
- 彳 자축거릴 척
- 犬(犭) 개 견
- (犭)개사슴록 변
- 阝(右) 우부방 읍[邑]
- 阝(左) 좌부변 부[阜]

4 획
- 心(忄) 마음 심(심방변)
- 戈 창 과
- 戶 지게 호
- 手(扌) 손 수 (재방변)
- 支 지탱할 지
- 攴(攵) 칠 복
- 文 글월 문
- 斗 말 두
- 斤 도끼 근
- 方 모[稜] 방
- 无(旡) 없을 무
- 日 날 일
- 曰 가로 왈
- 月 달 월
- 木 나무 목
- 欠 하품 흠
- 止 그칠 지
- 歹 살발린뼈 알
- 殳 창 수
- 毋 말[禁] 무
- 比 견줄 비
- 毛 터럭 모
- 氏 각시 씨
- 气 기운 기·빌 걸[乞]
- 水(氵) 물 수(삼수변)
- 火(灬) 불 화
- 爪(爫) 손톱 조
- 父 아비 부
- 爻 효[爻文] 효
- 爿 나무조각 장
- 片 조각 편
- 牙 어금니 아
- 牛 소 우
- 犬(犭) 개 견
  (개사슴록 변)

5 획
- 玄 검을 현
- 玉(王) 구슬 옥
- 瓜 외(참외·오이) 과
- 瓦 기와 와
- 甘 달 감
- 生 날[出] 생
- 用 쓸 용
- 田 밭 전
- 疋 필필·발[足] 소
- 疒 병들어기댈 녁
- 癶 어그러질 발
- 白 흰 백
- 皮 가죽 피
- 皿 그릇 명
- 目(罒) 눈 목
- 矛 창 모
- 矢 화살 시
- 石 돌 석
- 示(礻) 보일 시
- 禸 발자국 유
- 禾 벼 화
- 穴 구멍 혈
- 立 설 립

6 획
- 竹 대 죽
- 米 쌀 미
- 糸 실 사
- 缶 장군[桶] 부
- 网(罒) 그물 망
- 羊 양 양
- 羽 깃 우
- 老(耂) 늙을 로
- 而 말이을 이
- 耒 쟁기 뢰
- 耳 귀 이
- 聿 붓[筆] 률
- 肉(月) 고기 육
  (육달 월)
- 臣 신하 신
- 自 스스로 자
- 至 이를 지
- 臼 절구 구
- 舌 혀 설
- 舛 어그러질 천
- 舟 배 주
- 艮 괘이름 간
- 色 빛 색
- 艸(艹) 풀 초(艸頭)
- 虍 호피무늬 호
- 虫 벌레 훼
- 血 피 혈
- 行 다닐 행
- 衣(衤) 옷 의
- 襾 덮을 아

7 획
- 見 볼 견
- 角 뿔 각
- 言 말씀 언
- 谷 골 곡
- 豆 콩 두
- 豕 돼지 시
- 豸 해태 태·발없는 벌레 치
- 貝 조개 패
- 赤 붉을 적
- 走 달릴 주
- 足 발 족
- 身 몸 신
- 車 수레 차·거
- 辛 매울 신
- 辰 때 신, 별 진
- 辵(辶) 쉬엄쉬엄갈 착
  (착받침 착)
- 邑(阝) 고을 읍
- 酉 닭 유
- 釆 분별할 변
- 里 마을 리

8 획
- 金 쇠 금, 姓 김
- 長(镸) 긴 장
- 門 문 문
- 阜(阝) 언덕 부
- 隶 미칠[及] 대
  밑[本] 이
- 隹 새 추
- 雨 비 우
- 非 아닐 비
- 靑 푸를 청

9 획
- 面 얼굴 면
- 革 가죽 혁
- 韋 다룸가죽 위
- 韭 부추[草] 구
- 音 소리 음
- 頁 머리 혈

- 風 바람 풍
- 飛 날 비
- 食 밥 식(사)·먹을 식
- 首 머리 수
- 香 향기 향

10 획
- 馬 말 마
- 骨 뼈 골
- 高 높을 고
- 髟 긴털드리울 표
- 鬥 싸움 투
- 鬯 울창주 창
- 鬲 다리굽은솥 력
  오지병 격
- 鬼 귀신 귀

11 획
- 魚 물고기 어
- 鳥 새 조
- 鹵 소금 로
- 鹿 사슴 록

12 획
- 黃 누를 황
- 黍 기장 서
- 黑 검을 흑

13 획
- 黽 맹꽁이 맹
- 鼎 솥 정
- 鼓 북 고
- 鼠 쥐 서

14 획
- 鼻 코 비
- 齊 가지런할 제

15 획
- 齒 이 치

16 획
- 龍 용 룡
- 龜 거북 구(귀)

17 획
- 龠 피리[笛] 약

本 部首表는 '部首명칭'보다 '部首漢字의 訓音'에 중점을 두어 구성하였으며, 널리 쓰이는 부수명칭은 ( ) 안에 표기하였습니다. 본 표는 우리나라의 「古今漢韓字典(仁荷大 출판부)」, 「漢韓大字典(明文堂)」과 중국의 「漢語大詞典」, 「漢語大字典」 등을 참고하였습니다.

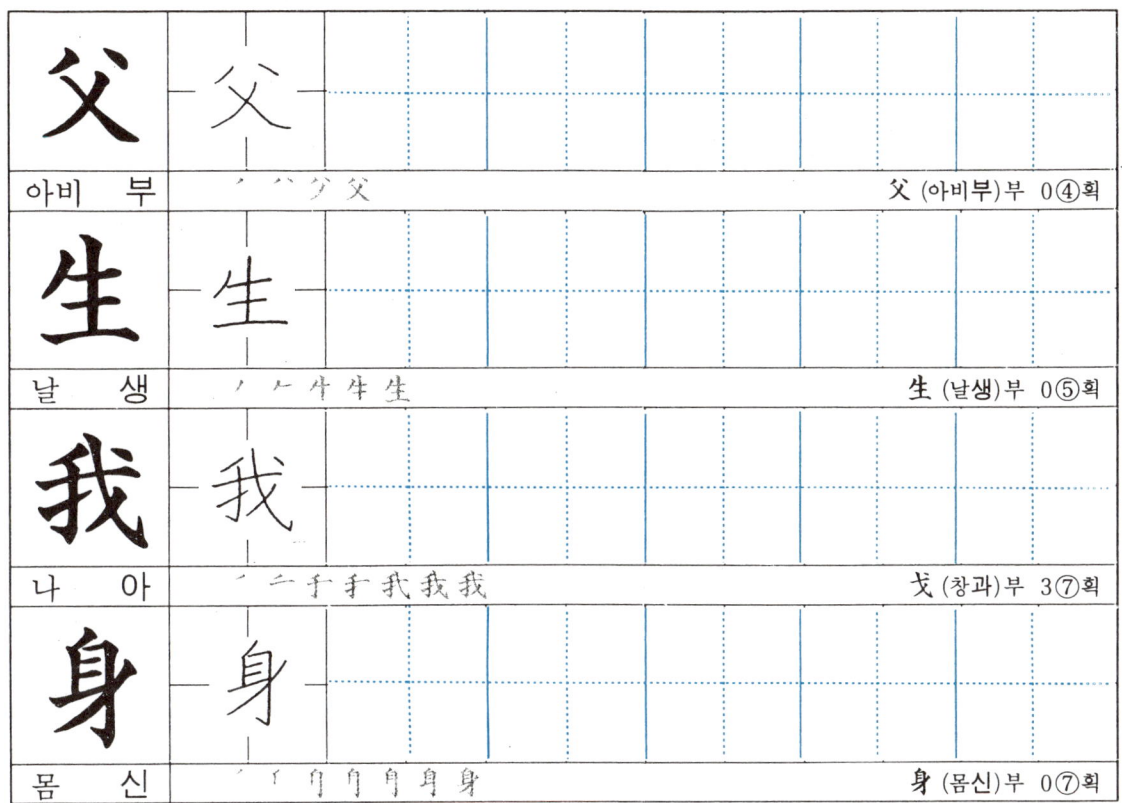

父生我身 부생아신 : 아버지는 내 몸을 낳게 하시고,

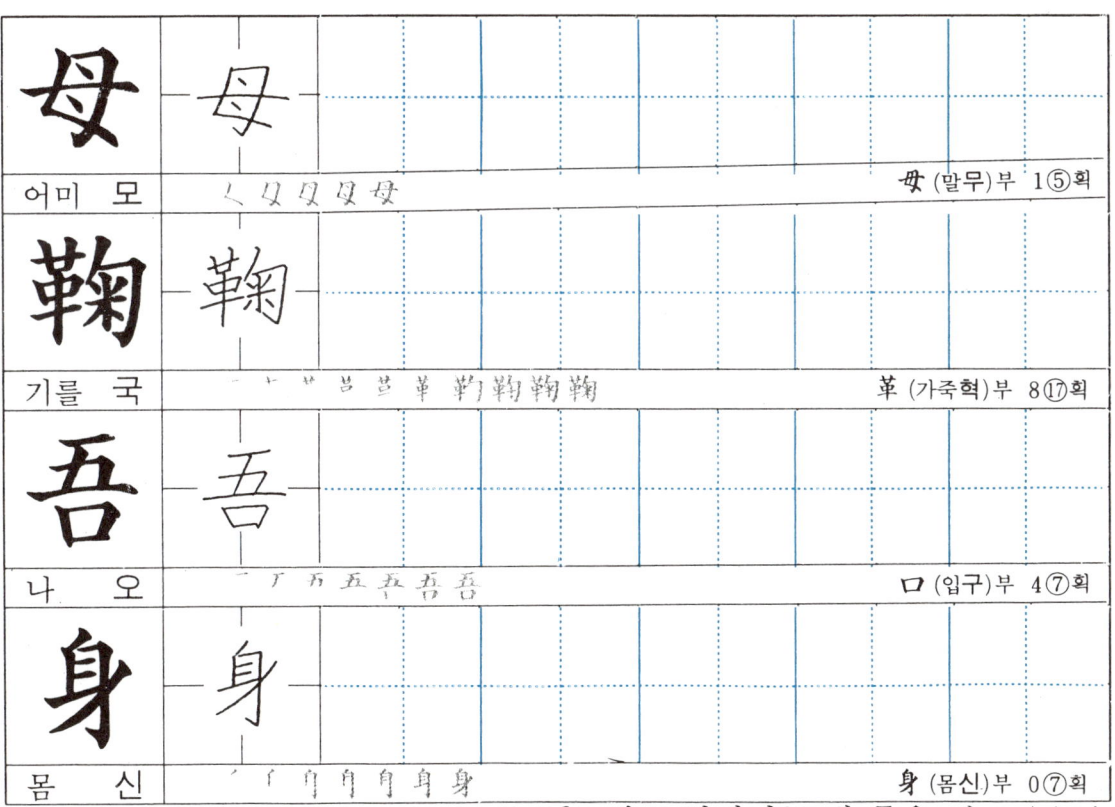

母鞠吾身 모국오신 : 어머니는 내 몸을 기르셨으며,

腹	腹						
배 복	丿 月 月 貯 貯 胪 胪 腹 腹 腹				肉→月 고기 육(육달월)부 9⑬획		

以	以						
써 이	丨 丨 以 以 以				人 (사람인)부 3⑤획		

懷	懷						
품을 회	忄 忄 忄 忄 忄 忄 忄 懷 懷 懷				心→忄 마음 심(심방변)부 16⑲획		

我	我						
나 아	一 二 千 手 我 我 我				戈 (창과)부 3⑦획		

腹以懷我　복이회아 : 배로써 내 몸을 품어 주셨고,,

乳	乳						
젖 유	一 丶 丷 爫 孚 孚 乳				乙→乚 (새을)부 7⑧획		

以	以						
써 이	丨 丨 以 以 以				人 (사람인)부 3⑤획		

哺	哺						
먹일 포	丨 口 口 口 吶 哨 哨 哺 哺				口 (입구)부 7⑩획		

我	我						
나 아	一 二 千 手 我 我 我				戈 (창과)부 3⑦획		

乳以哺我　유이포아 : 젖으로써 나를 먹여 주셨다.

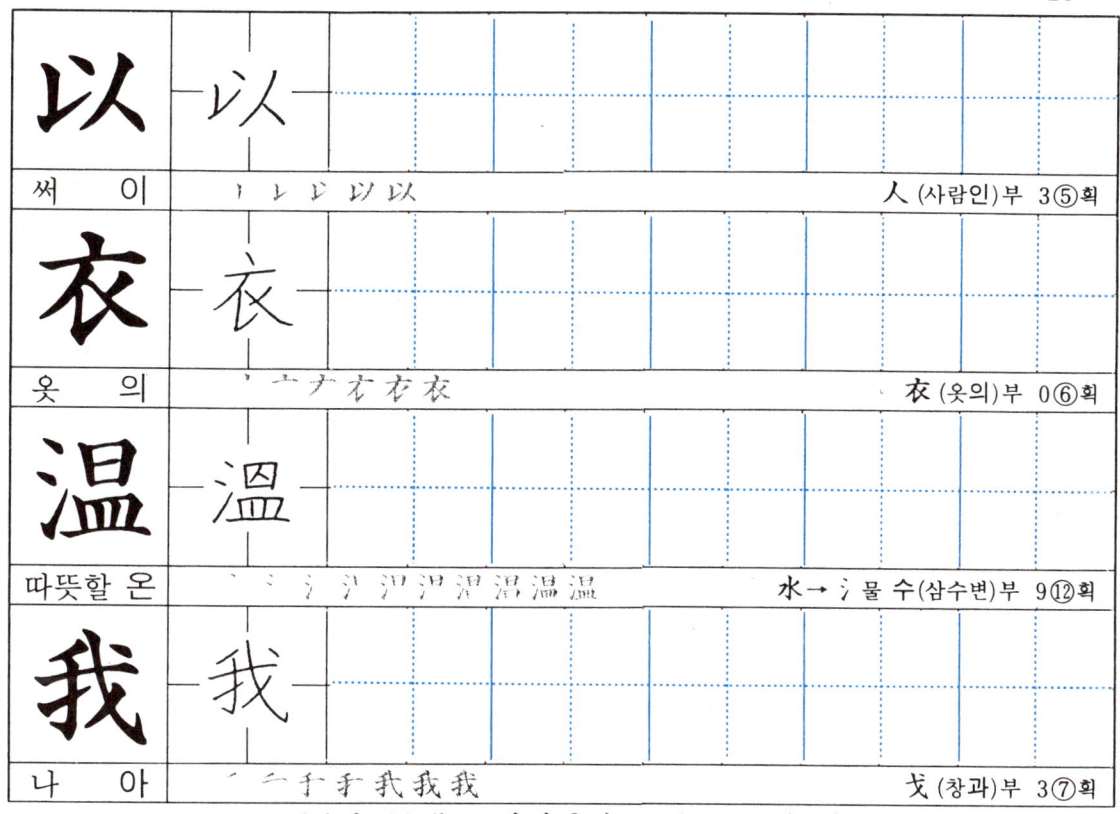

以衣溫我 이의온아 : 옷으로써 나를 따뜻이 하셨고.

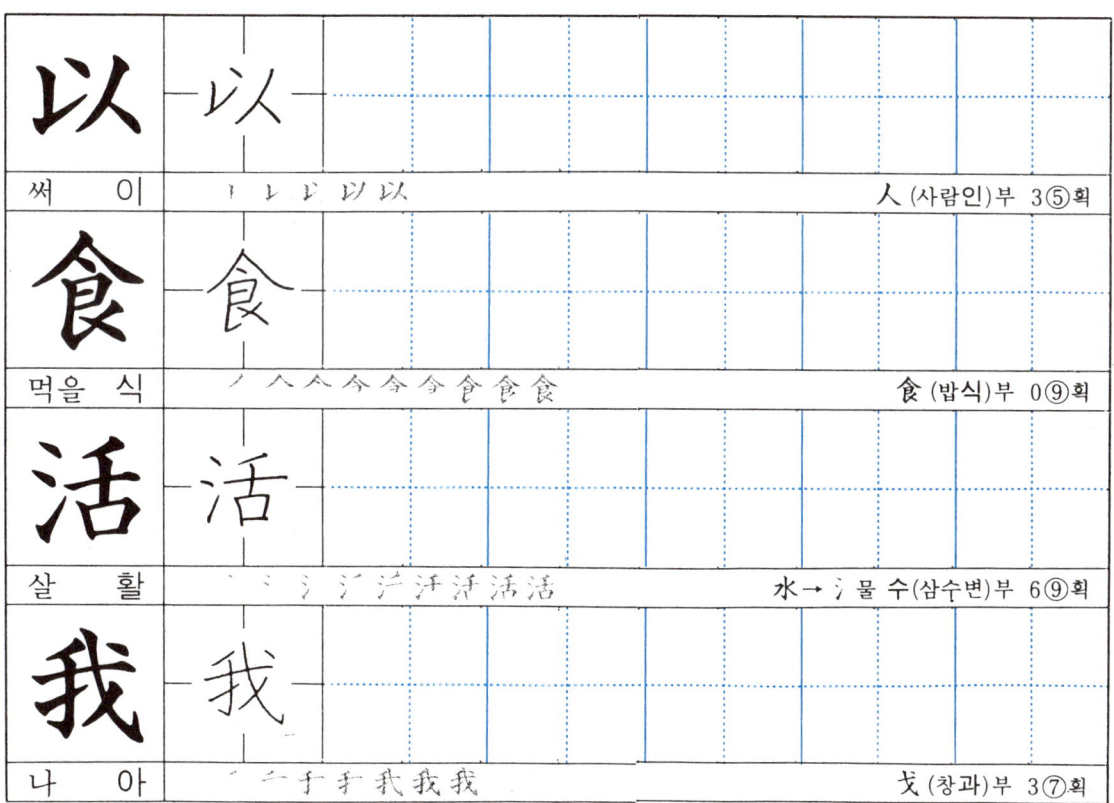

以食活我 이식활아 : 음식(飮食)으로써 나를 키우셨으니.

恩	恩							
은혜 은	丨 冂 冃 因 因 因 恩 恩 恩					心 (마음심)부 6⑩획		
高	高							
높을 고	丶 亠 宀 古 古 高 高 高 高					高 (높을고)부 0⑩획		
如	如							
같을 여	く 夕 女 如 如 如					女 (계집녀)부 3⑥획		
天	天							
하늘 천	一 二 于 天					大 (큰대)부 1④획		

恩高如天   은고여천 : 그 은혜(恩惠)는 높기가 하늘과 같으시고.

德	德							
큰 덕	彳 彳 彳 彳 德 德 德 德					彳 자축거릴 척(두인변·중인변)부 12⑮획		
厚	厚							
두터울 후	一 厂 厂 厂 厂 厂 厚 厚 厚					厂 낭떠러지 엄 (민엄호)부 7⑨획		
似	似							
같을 사	丿 亻 亻 化 似 似 似					人→亻 사람 인(사람인변)부 5⑦획		
地	地							
땅 지	一 十 土 圹 圠 地					土 (흙토)부 3⑥획		

德厚似地   덕후사지 : 그 덕(德)이 두텁기는 땅과 같으시다.

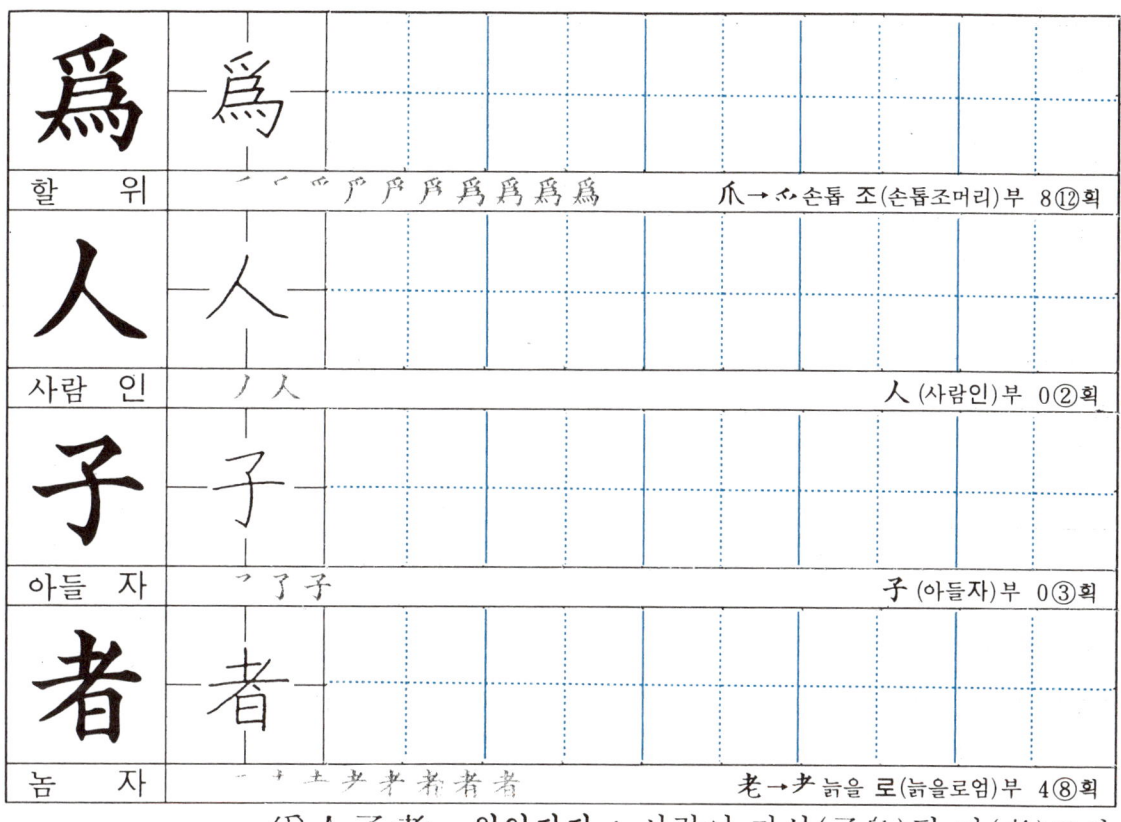

爲人子者　위인자자 : 사람이 자식(子息)된 자(者)로서.

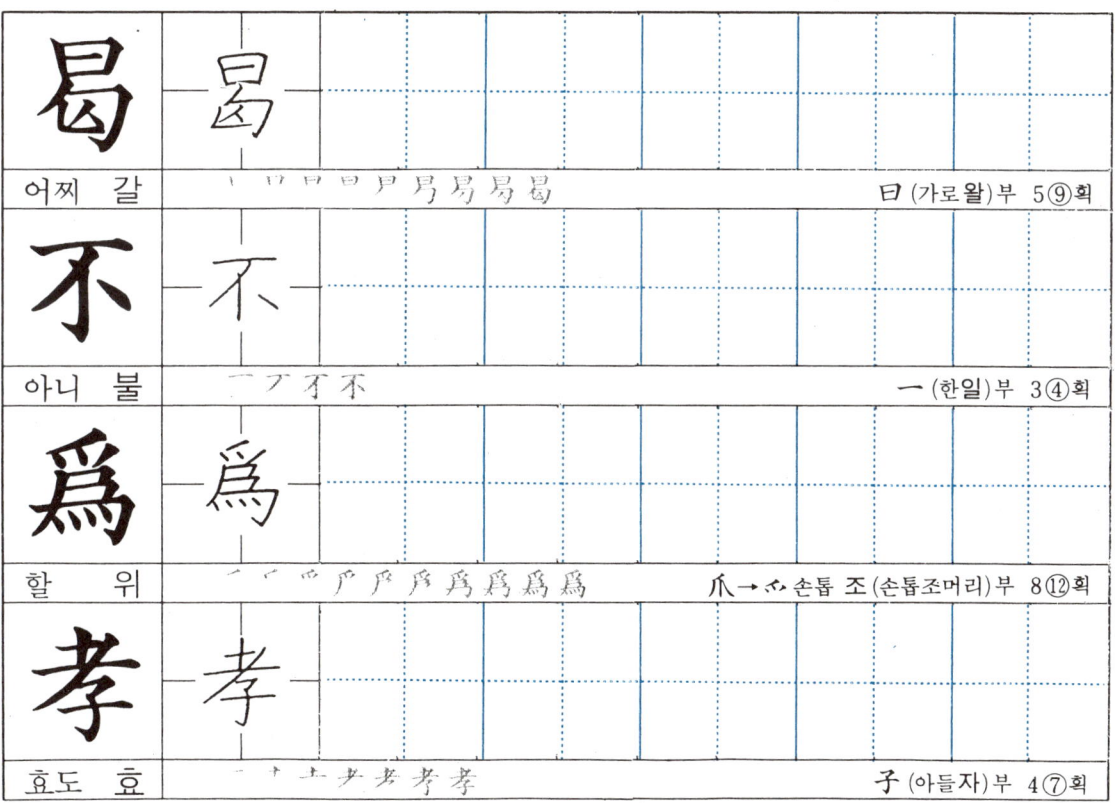

曷不爲孝　갈불위효 : 어찌 효도(孝道)를 다하지 않겠는가.

欲	欲
하고자할 욕	` ′ ⁄ ⁄ ⁄ 今 �� 谷 谷 谷ʼ 欲ʼ 欲`　　欠 (하품흠)부 7⑪획

報	報
갚을 보	`一 + 土 キ 幸 幸 幸刂 郣 報 報`　　土 (흙토)부 9⑫획

深	深
깊을 심	`丶 氵 氵 汒 汒 泙 泙 浬 深`　　水→氵 물 수(삼수변)부 8⑪획

恩	恩
은혜 은	`丨 冂 冃 囬 困 因 恩 恩 恩 恩`　　心 (마음심)부 6⑩획

欲報其恩　욕보기은 : 그 은혜(恩惠)를 갚고자 하면,

昊	昊
여름하늘 호	`丨 丨 冂 冃 日 旦 昊 昊`　　日 (날일)부 4⑧획

天	天
하늘 천	`一 二 チ 天`　　大 (큰대)부 3④획

罔	罔
없을 망	`丨 冂 冂 冂 冈 罔 罔 罔`　　网→冈 (그물망)부 3⑧획

極	極
다할 극	`一 十 才 木 术 朽 朽 栖 極 極`　　木 (나무목)부 9⑬획

昊天罔極　호천망극 : 마치 하늘처럼 다할 수 없는 것이다.

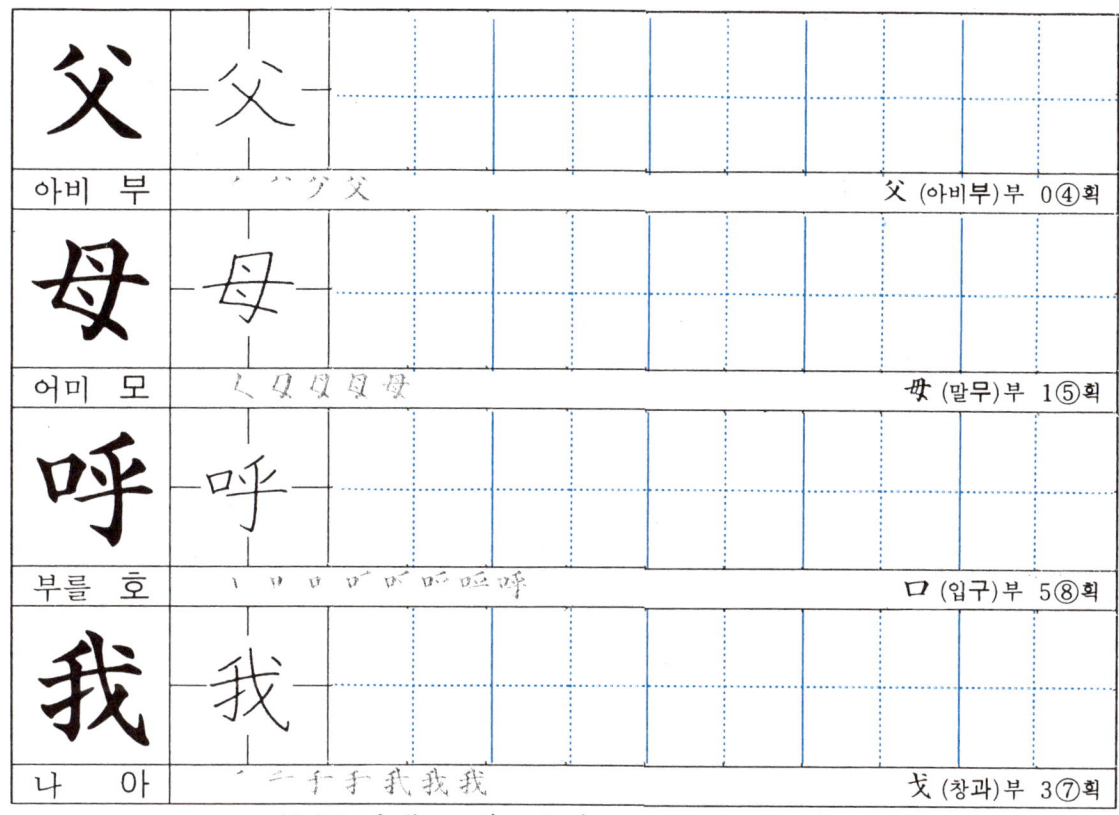

父母呼我　부모호아 : 부모(父母)님이 나를 부르시거든,

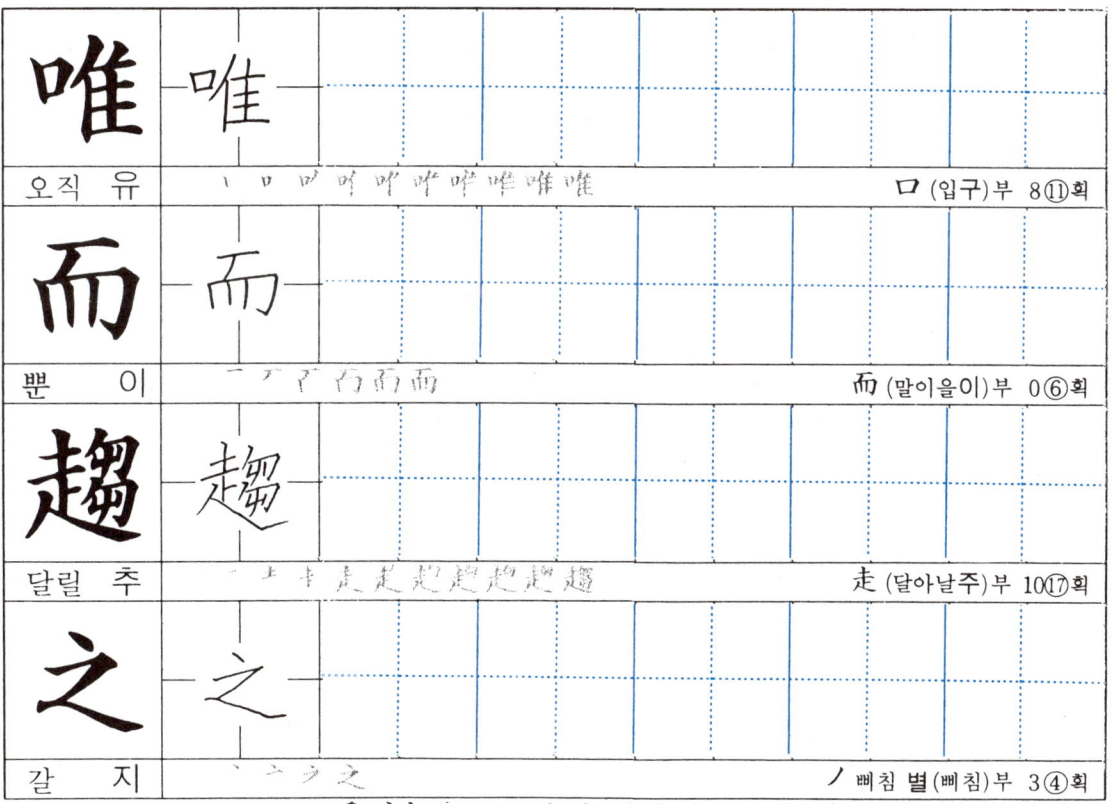

唯而趨進　유이추진 : 공손하게 대답(對答)을 하고 달려 갈 것이며,

父	父						
아비 부	⼂⼃⽗父					父 (아비부)부 0④획	
母	母						
어미 모	⼂⺟⺟母母					母(말무)부 1⑤획	
之	之						
어조사 지	⼂⼀⼡之					ノ 삐침 별(삐침)부 3④획	
命	命						
명령 명	ノ人∧今合合合命命					口(입구)부 5⑧획	

父母之命 부모지명 : 부모님의 명은,

勿	勿						
말 물	ノ⼓勿勿					⼓ 쌀 포(쌀포몸)부 2④획	
逆	逆						
거스를 역	⼂⼀⼧⼧屰屰逆逆逆					⾡→⻌ 뛸 착(책받침)부 6⑨획	
勿	勿						
말 물	ノ⼓勿勿					⼓ 쌀 포(쌀포몸)부 2④획	
怠	怠						
게으를 태	⼂⼛⼛台台台怠怠怠					心(마음심)부 5⑨획	

勿逆勿怠 물역물태 : 거역(拒逆)하거나 게을리 하지 말라.

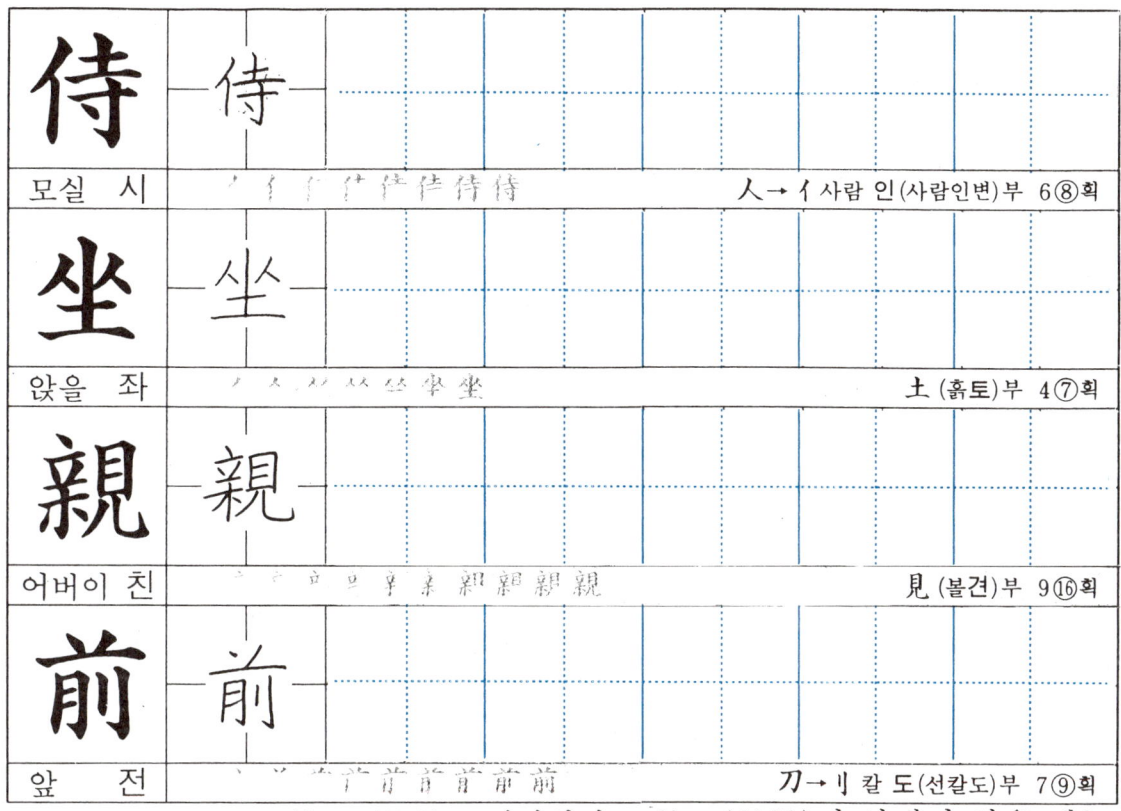

侍 모실 시 — 人→亻사람 인(사람인변)부 6⑧획
坐 앉을 좌 — 土(흙토)부 4⑦획
親 어버이 친 — 見(볼견)부 9⑯획
前 앞 전 — 刀→刂칼 도(선칼도)부 7⑨획

侍坐親前 시좌친전 : 부모(父母)님 앞에서 앉을 때는,

勿 말 물 — 勹쌀 포(쌀포몸)부 2④획
踞 걸터앉을 거 — 足→𧾷발 족(발족변)부 8⑮획
勿 말 물 — 勹쌀 포(쌀포몸)부 2④획
臥 누울 와 — 臣(신하신)부 2⑧획

勿踞勿臥 물거물와 : 걸터앉거나 눕지 말라.

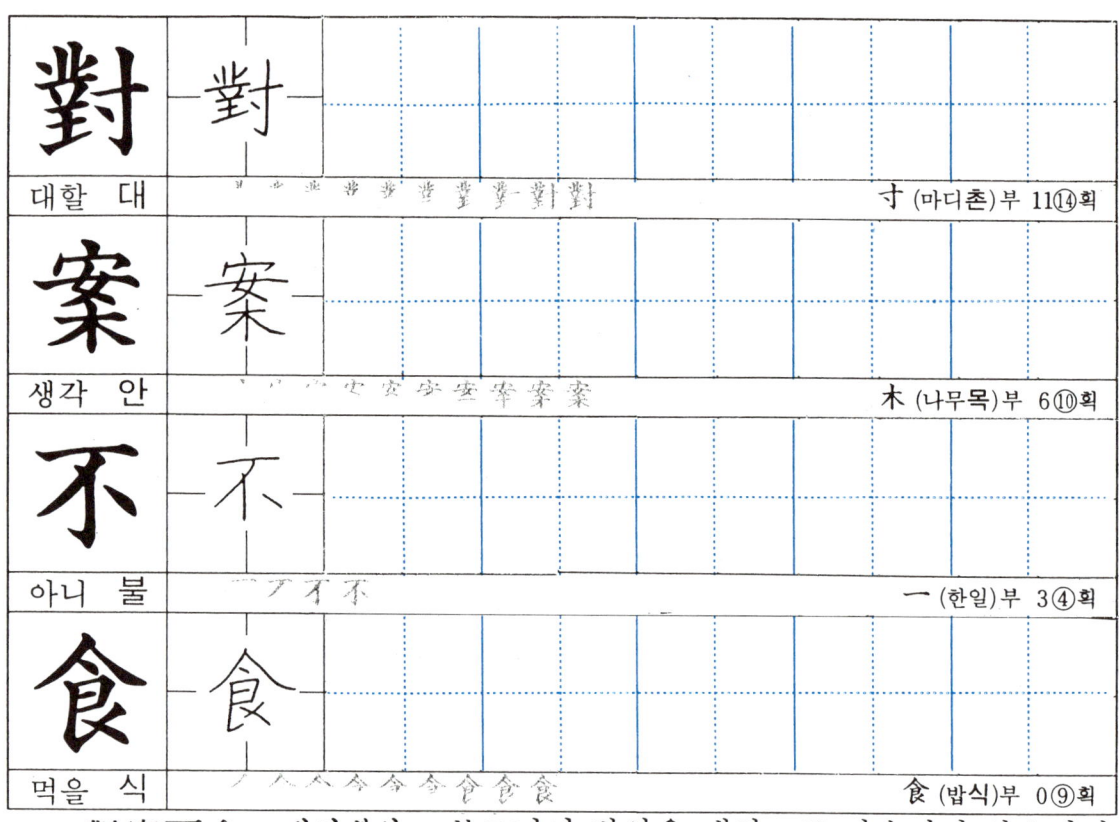

對案不食   대안불식 : 부모님이 밥상을 대하고도 잡수시지 않으시면.

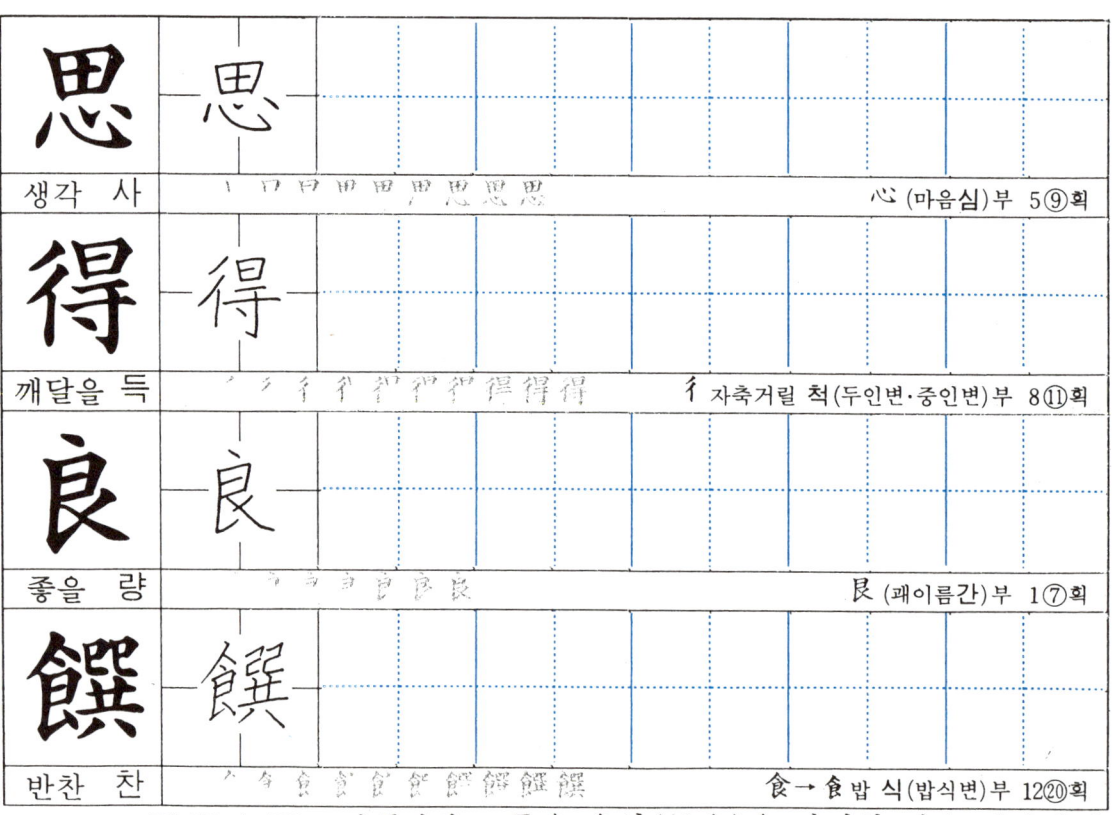

思得良饌   사득양찬 : 좋은 음식(飮食)을 마련할 것을 생각하라.

父	父				
아비 부	ノ ハ グ 父				父 (아비부)부 0④획
母	母				
어미 모	ㄴ 母 母 母 母				母 (말무)부 1⑤획
有	有				
있을 유	ノ ナ 冇 冇 有 有				月 (달월)부 2⑥획
病	病				
병들 병	丶 亠 广 疒 疒 疒 疔 病 病 病				疒 병녁(병질엄)부 5⑩획

父母有病　부모유병 : 부모(父母)님께서 병환(病患)이 나시거든,

憂	憂				
근심 우	一 丆 百 丙 百 惪 惪 憂 憂 憂				心 (마음심)부 11⑮획
而	而				
뿐 이	一 丆 丆 丙 而 而				而 (말이을이)부 0⑥획
謀	謀				
도모할 모	亠 亠 言 言 言 訁 訁 訪 訪 謀 謀				言 (말씀언)부 9⑯획
療	療				
병고칠 료	丶 亠 广 疒 疒 疒 疹 疹 痞 瘀 療				疒 병녁(병질엄)부 12⑰획

憂而謀療　우이모료 : 근심하고 치료(治療)하여 낫게 하기를 꾀하며,

裹	裹						
쌀(묶음) 과	一亠亠亩亩寅袁袁裹裹					衣(옷의)부 8⑭획	

糧	糧						
양식 량	一十米料料粆粮粮糧糧					米(쌀미)부 12⑱획	

以	以						
써 이	丨以以以					人(사람인)부 3⑤획	

送	送						
보낼 송						辵→辶 뛸 착(책받침)부 6⑨획	

裹糧以送 과량이송: 양식을 싸(묶어)서 보내 주시면,

勿	勿						
말 물	勹勹勿勿					勹쌀 포(쌀포몸)부 2④획	

懶	懶						
게으를 라						心→忄마음 심(심방변)부 16⑲획	

讀	讀						
읽을 독						言(말씀언)부 15㉒획	

書	書						
글 서	フコヨ聿書書書書					日(가로왈)부 6⑩획	

勿懶讀書 물라독서: 글 읽기, 곧 공부를 게을리 말라.

父	父
아비 부	ノ ハ グ 父　　　　　父(아비부)부 0④획

母	母
어미 모	ㄴ ㄌ ㄇ ㄇ 母　　　　　母(말무)부 1⑤획

唾	唾
침 타	丶 ㅁ ㅁ ㅁ﹁ ㅁ⊤ ㅁ千 ㅁ千 唾 唾　　　　　口(입구)부 8⑪획

痰	痰
가래 담	一 ㄱ 广 疒 疒 疒 疒 疾 痰 痰　　　　　疒병녁(병질엄)부 8⑬획

父母唾痰 부모타담 : 부모님의 침이나 가래 곧, 허물은,

每	每
매양 매	ノ 一 仁 仁 勾 勾 每　　　　　母(말무)부 3⑦획

必	必
반드시 필	丶 ソ 必 必 必　　　　　心(마음심)부 1⑤획

覆	覆
덮을 부	一 ㄱ 冖 襾 严 严 覃 覃 覆 覆　　　　　襾→西(덮을아)부 12⑱획

之	之
어조사 지	丶 一 ラ 之　　　　　ノ삐침 별(삐침)부 3④획

每必覆之 매필부지 : 매양(언제나) 반드시 덮어야 한다.

若	若						
만약 약	一十十才芍若若					艸→艹 풀 초(초두머리)부 5⑧획	

告	告						
고할 고	丿 ㅏ 丄 生 牛 告 告					口 (입구)부 4⑦획	

西	西						
서쪽 서	一 丆 兀 丙 丙 西					西→覀 (덮을아)부 0⑥획	

適	適						
갈 적	一 亠 产 产 啇 啇 啇 商 適 適					辵→辶 뛸 착(책받침)부 11⑭획	

若告西適 약고서적 : 만약에 서쪽으로 간다고 고하고서,

不	不						
아니 불	一 ㄱ 才 不					一 (한일)부 3④획	

復	復						
돌아갈 복	丿 勹 彳 彳 徉 徉 復 復 復					彳 자축거릴 척(두인변·중인변)부 9⑫획	

東	東						
동녘 동	一 丆 冂 币 西 車 東 東					木 (나무목)부 4⑧획	

往	往						
갈 왕	丿 勹 彳 彳 彳 仁 往 往					彳 자축거릴 척(두인변·중인변)부 5⑧획	

不復東往 불복동왕 : 동쪽으로 돌아가지 말라.

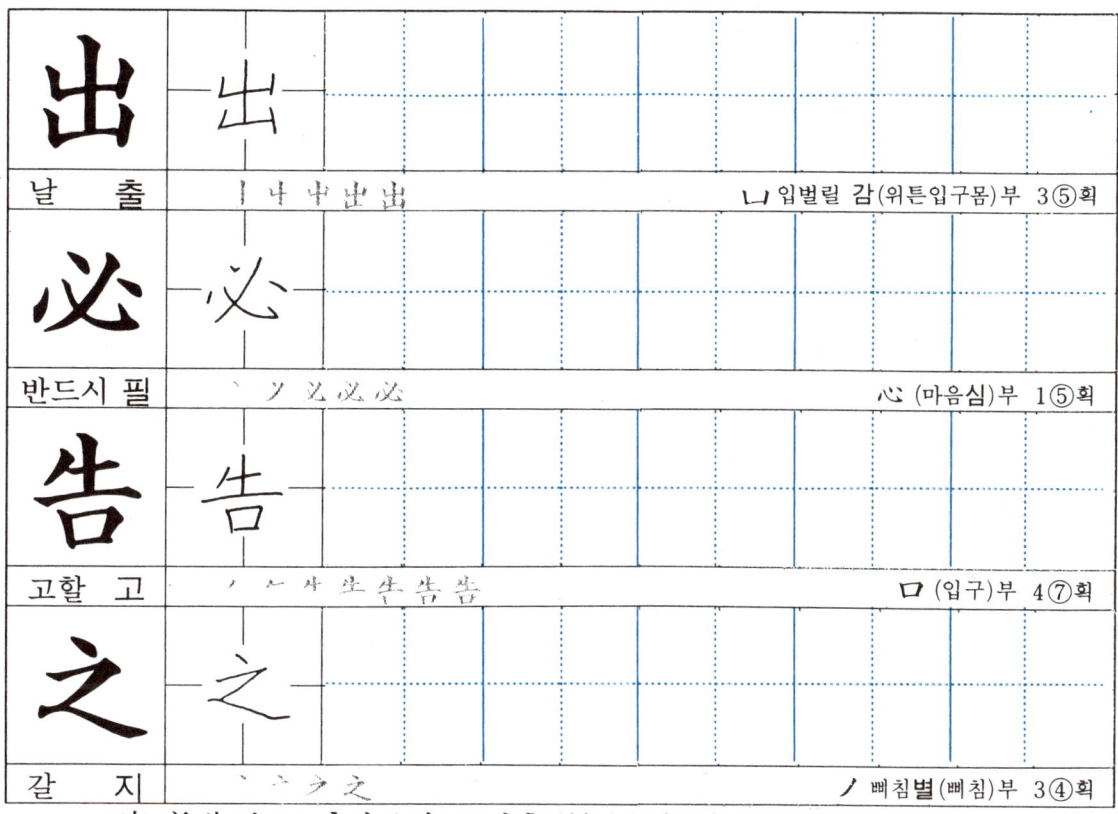

出必告之　출필곡지 : 외출(外出)할 때는 반드시 말씀드려야 하고,

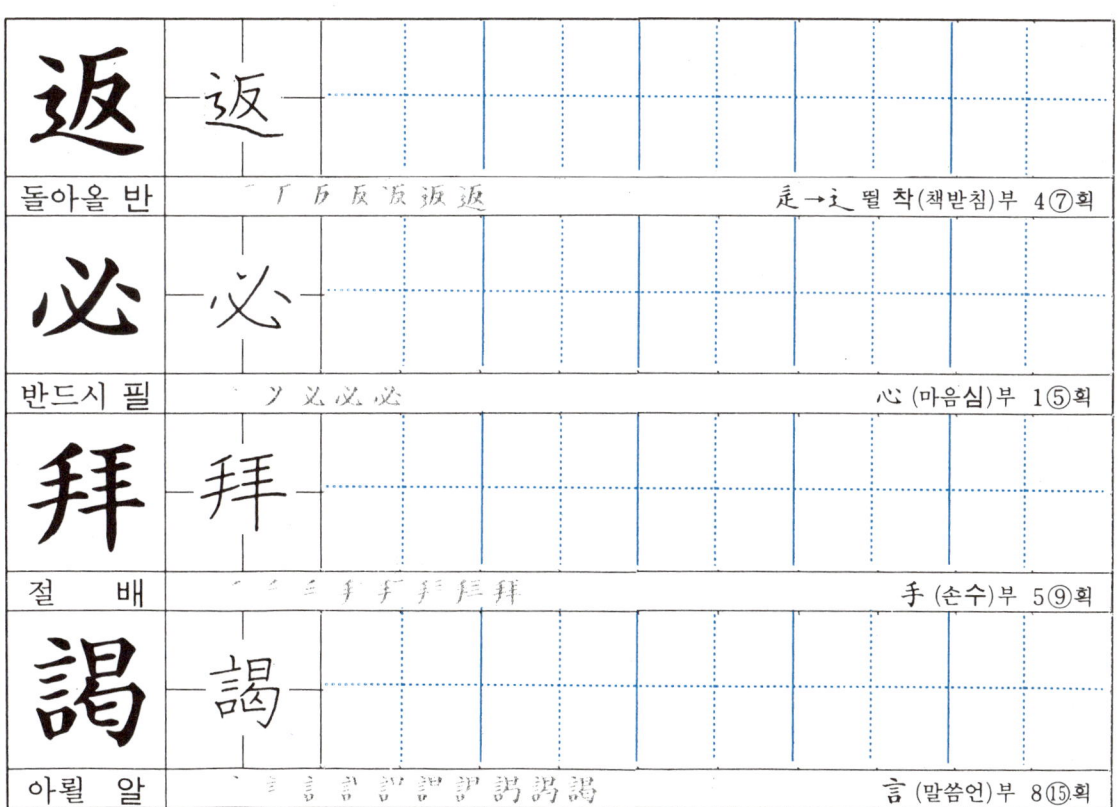

返必拜謁　반필배알 : 돌아와서는 반드시 알려 드려야 하며,

立	立					
설 입	丶亠六立立				立(설립)부 0⑤획	
則	則					
곧 즉	丨冂冂月月月月貝則則				刀→刂칼 도(선칼도)부 7⑨획	
視	視					
볼 시	一二千千示礻礻視視視				示(보일시)부 7⑫획	
足	足					
발 족	丨口口口甲및足足				足(발족)부 0⑦획	

立則視足 입즉시족 : 서서는 곧 그 발을 보고,

坐	坐					
앉을 좌	丿人人从丛丛坐坐				土(흙토)부 4⑦획	
則	則					
곧 즉	丨冂冂月月月月貝則則				刀→刂칼 도(선칼도)부 7⑨획	
視	視					
볼 시	一二千千示礻礻視視視				示(보일시)부 7⑫획	
膝	膝					
무릎 슬	月月月肚肚脐脐脐膝膝				肉→月 고기 육(육달월)부 11⑮획	

坐則視膝 좌즉시슬 : 앉아서는 곧 그 무릎을 보아라.

昏	昏						
날저물 혼	ノ 亻 厂 氏 氏 昏 昏 昏					日(날일)부 4⑧획	
必	必						
반드시 필	丶 ソ 必 必 必					心(마음심)부 1⑤획	
定	定						
정할 정	丶 丷 宀 宀 宁 宇 定 定					宀집 면(갓머리)부 5⑧획	
褥	褥						
요 욕	丶 亠 亣 ネ 衤 衤 衤 衤 褥 褥					衣→衤옷 의(옷의변)부 10⑮획	

昏必定褥 혼필정욕 : 날이 저물면 반드시 부모님 요를 깔아 정해 드리고,

晨	晨						
새벽 신	一 厂 曰 戸 戸 严 戻 昃 晨					日(날일)부 7⑪획	
必	必						
반드시 필	丶 ソ 必 必 必					心(마음심)부 1⑤획	
省	省						
살필 성	丶 ソ 小 少 少 省 省 省 省					目(눈목)부 4⑩획	
候	候						
상태 후	ノ 亻 亻 亻 化 仔 伊 俟 候 候					人→亻사람 인(사람인변)부 8⑩획	

晨必省候 신필성후 : 새벽에는 반드시 기체후(기력과 신체의 상태, 곧 웃어른에게 안부를 물음)를 살펴라.

父	父				
아비 부	ノ ハ グ 父				父 (아비부)부 0④획
母	母				
어미 모	ㄥ 口 口 日 母				母 (말무)부 1⑤획
愛	愛				
사랑 애	ノ ㄱ ㅠ ㅠ ㅉ ㅉ 厥 愛 愛 愛				心 (마음심)부 9⑬획
之	之				
어조사 지	ヽ ニ 步 之				ノ 삐침 별(삐침)부 3④획

父母愛之 부모애지 : 부모(父母)님이 나를 사랑하시거든,

喜	喜				
기쁠 희	一 十 十 土 吉 吉 吉 声 克 喜 喜				口 (입구)부 9⑫획
而	而				
뿐 이	一 厂 厂 厂 而 而				而 (말이을이)부 0⑥획
勿	勿				
말 물	ノ ㄱ 勿 勿				ㄱ 쌀 포(쌀포몸)부 2④획
忘	忘				
잊을 망	丶 亠 亡 产 点 忘 忘				心 (마음심)부 3⑦획

喜而勿忘 희이물망 : 기뻐함을 잊지 말라.

父	父					
아비 부	′ ″ ゲ 父					父 (아비부)부 0④획
母	母					
어미 모	ㄴ 乙 믜 욕 母					母 (말무)부 1⑤획
惡	惡					
미워할 오	一 T 厂 正 节 亞 亞 惡 惡					心 (마음심)부 8⑫획
之	之					
어조사 지	′ ㆍ 之 之					ノ삐침 별(삐침)부 3④획

父母惡之 부모오지: 부모님이 나를 미워하심도,

懼	懼					
두려울 구	′ 忄 忄 忄 忄 悝 惺 惺 懼					心→忄 마음 심(심방변)부 8㉑획
而	而					
뿐 이	一 ア 丙 丙 而					而 (말이을이)부 0⑥획
勿	勿					
말 물	′ ク 勺 勿					勹쌀 포(쌀포몸)부 2④획
怨	怨					
원망할 원	′ ク タ 夘 夘 怨 怨 怨					心 (마음심)부 5⑨획

懼而勿怨 구이물원: 두려워말고 원망하지 말 뿐이다.

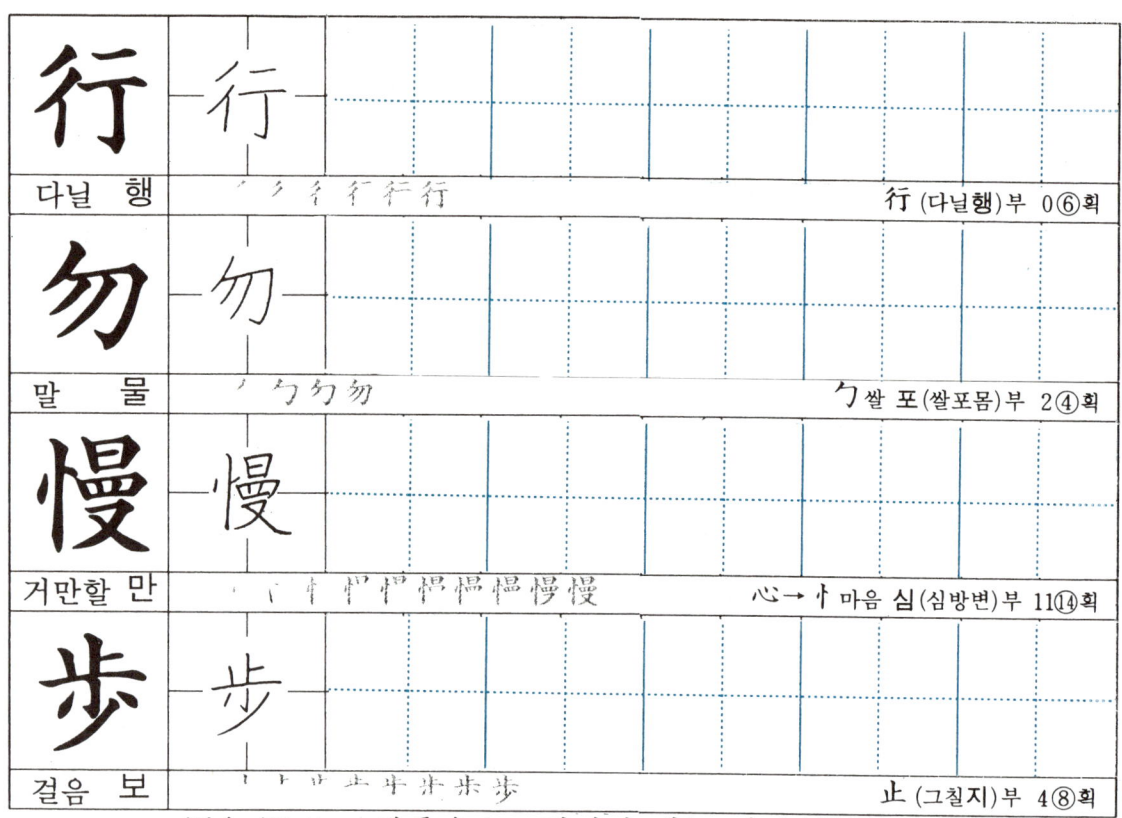

行勿慢步　행물만보：걸어갈 때는 거만(倨慢)하게 걷지 말고.

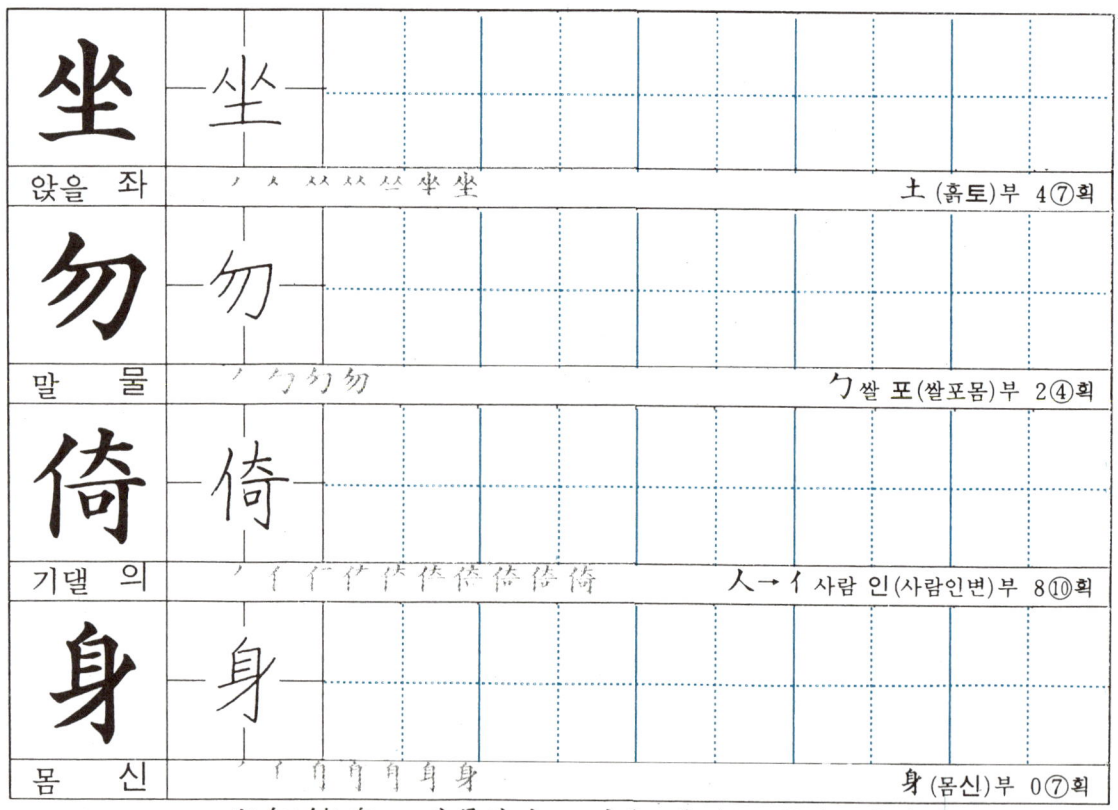

坐勿倚身　좌물의신：앉을 때에는 몸을 기대지 말 것이며.

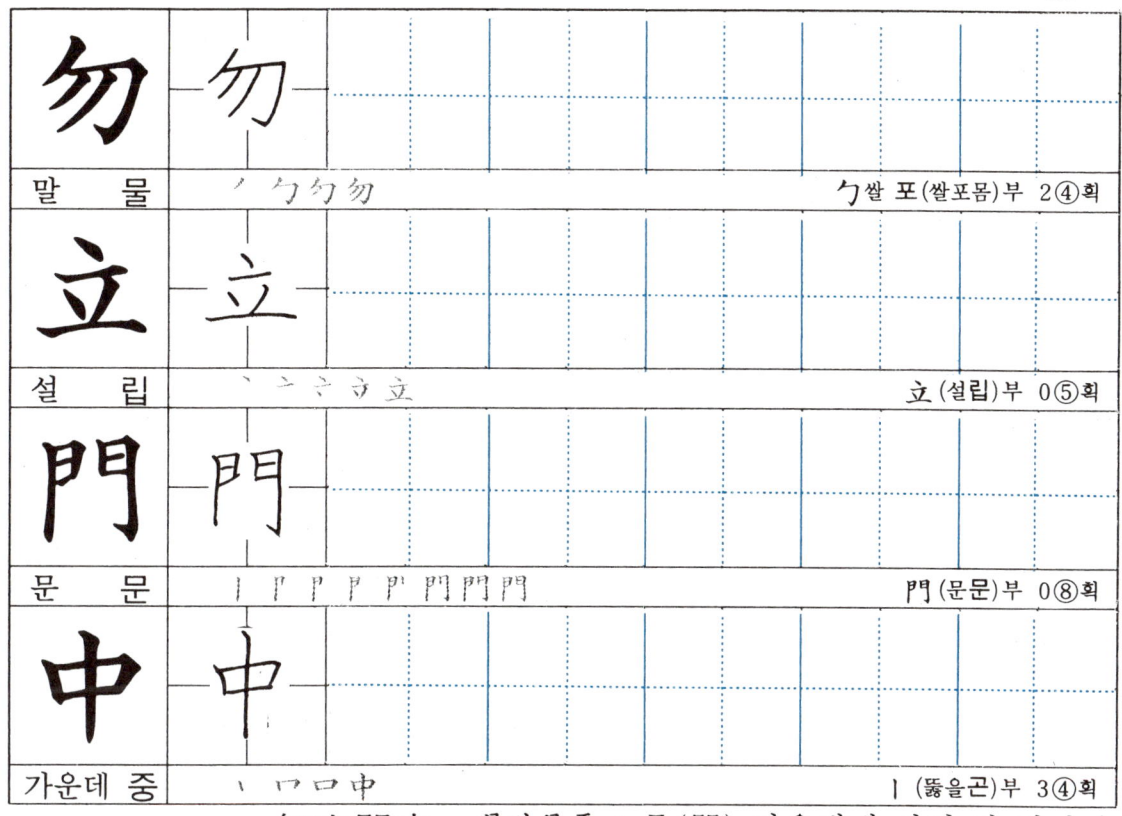

勿立門中　물립문중 : 문(門) 가운데에 서지 말 것이며.

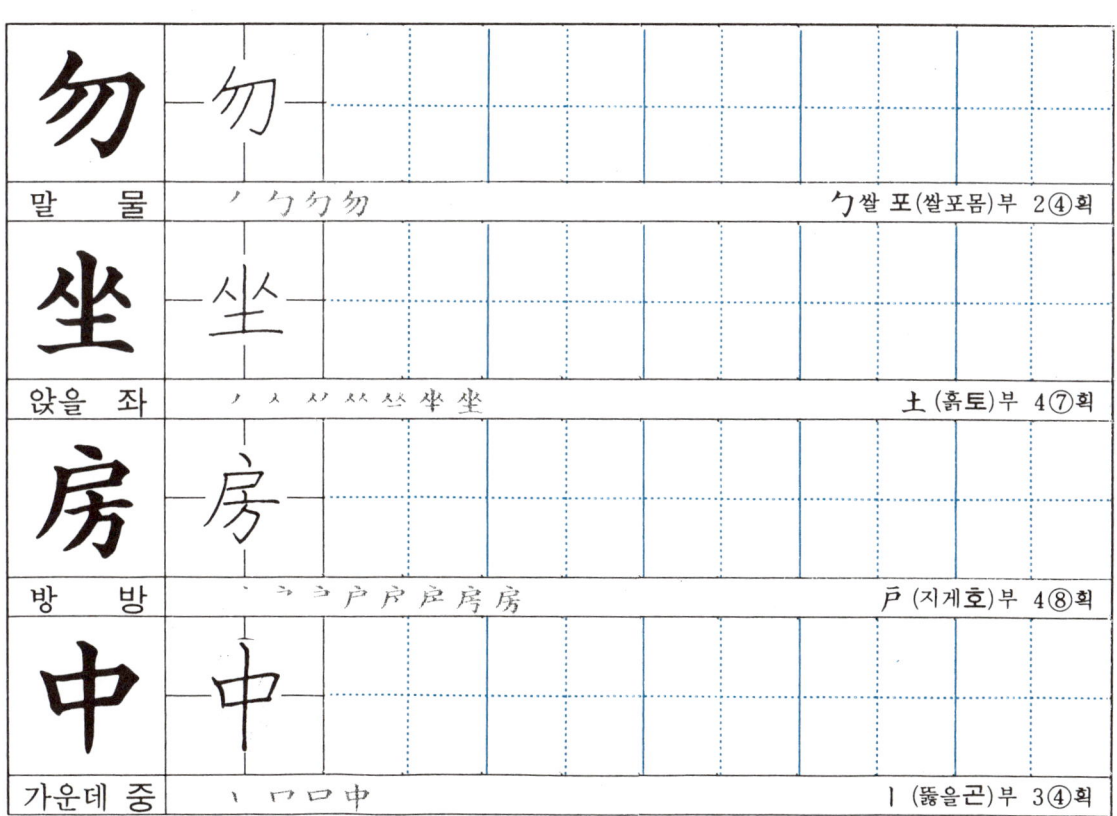

勿坐房中　물좌방중 : 방 한가운데 앉지 말라.

鷄	鷄
닭 계	〃 ″ 亖 亖 奚 鄭 鄭 鷄 鷄　　　鳥 (새조)부 10㉑획

鳴	鳴
울 명	丶 丷 口 口 吖 咱 咱 唣 鳴 鳴　　　鳥 (새조)부 3⑭획

而	而
어조사 이	一 丆 ㄕ 而 而 而　　　而 (말이을이)부 0⑥획

起	起
일어날 기	一 十 土 キ 走 走 走 起 起 起　　　走 (달아날주)부 3⑩획

鷄鳴而起 계명이기 : 닭이 우는 새벽에 일어나,

必	必
반드시 필	丶 丿 必 必 必　　　心 (마음심)부 1⑤획

盥	盥
대야 관	ㅣ ㅓ 氺 伱 朿 臼 臼 臼 盥 盥　　　皿 (그릇명)부 11⑯획

必	必
반드시 필	丶 丿 必 必 必　　　心 (마음심)부 1⑤획

漱	漱
양치할 수	丶 氵 氵 泖 泖 浹 浹 漱 漱 漱　　　水→氵 물 수(삼수변)부 11⑭획

必盥必漱 필관필수 : 반드시 세수(洗手)하고 양치할 것이며

言	言						
말할 언	丶亠宀言言言言					言 (말씀언)부 0⑦획	

語	語						
말씀 어	丶亠言言訂語語語語					言 (말씀언)부 7⑭획	

必	必						
반드시 필	丶ソ必必必					心 (마음심)부 1⑤획	

愼	愼						
삼가할 신	丶忄忄忄忄忄愼愼愼愼					心→忄 마음 심(심방변)부 10⑬획	

言語必愼: 언어필신 : 언어(생각이나 느낌을 음성 또는 문자로 전달하는 수단과 체계)는 것이며, 반드시 삼가할 것이며,

居	居						
살 거	一フコ尸尸厈居居					尸 주검 시(주검시엄)부 5⑧획	

處	處						
곳 처	一ト卢卢虍虗處處處					虍 호피무늬 호(범호엄)부 5⑪획	

必	必						
반드시 필	丶ソ必必必					心 (마음심)부 1⑤획	

恭	恭						
공손할 공	一十廾艹共共恭恭恭					心→小 마음 심(마음심발)부 6⑩획	

居處必恭 거처필공 : 거처(居處)는 반드시 공손(恭遜)하게 하고.

始	始						
비로소 시	ㄑ ㄨ ㄨ ㄨˊ 如 始 始 始					女 (계집녀)부 5⑧획	

習	習						
익힐 습	ㄱ ㄱ ㄱ ㄱ 刁 羽 羽 習 習 習					羽 (깃우)부 5⑪획	

文	文						
글월 문	丶 一 ナ 文					文 (글월문)부 0④획	

字	字						
글자 자	丶 丶 宀 宀 字 字					子 (아들자)부 3⑥획	

始習文字 **시습문자** : 문자(文字)를 배우기 시작(始作)할 때는,

字	字						
글자 자	丶 丶 宀 宀 字 字					子 (아들자)부 3⑥획	

劃	劃						
가를 획	一 ㄱ 甲 圭 書 書 書 畵 畵 劃					刀→刂 칼도(선칼도)부 12⑭획	

楷	楷						
해서 해	一 十 才 木 栌 栌 栌 档 楷 楷					木 (나무목)부 9⑬획	

正	正						
바를 정	一 T 下 正 正					止 (그칠지)부 1⑤획	

字劃楷正 **자획해정** : 글자의 자획(字劃)을 바르게 해야 하고,

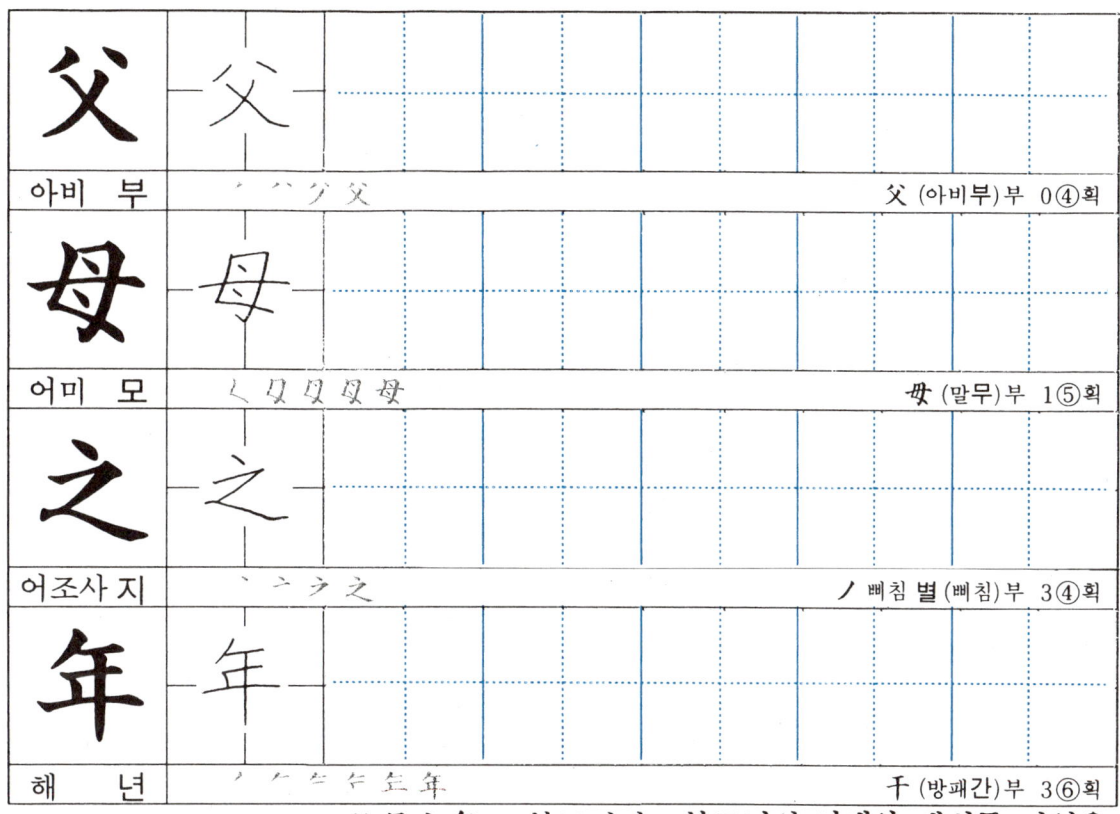

父母之年 부모지년: 부모님의 연세와 생신등 기일은,

不可不知 불가부지: 알지 않으면 옳지 않고, 알지 않을 수 없다.

飲	飲					
마실 음	ノ 人 人 今 今 今 食 食 食 飲 飲 飲			食→飠 밥 식(밥식변)부 4⑫획		
食	食					
먹을 식	ノ 人 人 今 今 今 食 食 食			食 (밥식)부 0⑨획		
雖	雖					
비록 수	口 무 虽 虽 虽 雖 雖			隹 (새추)부 9⑰획		
惡	惡					
나쁠 악	一 丁 丌 亞 亞 亞 惡 惡			心 (마음심)부 8⑫획		

飲食雖厭　음식수염 : 음식(飲食)이 비록 먹기 싫더라도,

與	與					
줄 여	与 與 與			臼 (절구구)부 7⑭획		
之	之					
어조사지	、 ㄊ 乞 之			ノ 삐침 별(삐침)부 3④획		
必	必					
반드시 필	、 ノ 义 必 必			心 (마음심)부 1⑤획		
食	食					
먹을 식	ノ 人 人 今 今 今 食 食 食			食 (밥식)부 0⑨획		

與之必食　여지필식 : 주시면 반드시 (될 수 있는 대로) 먹어라.

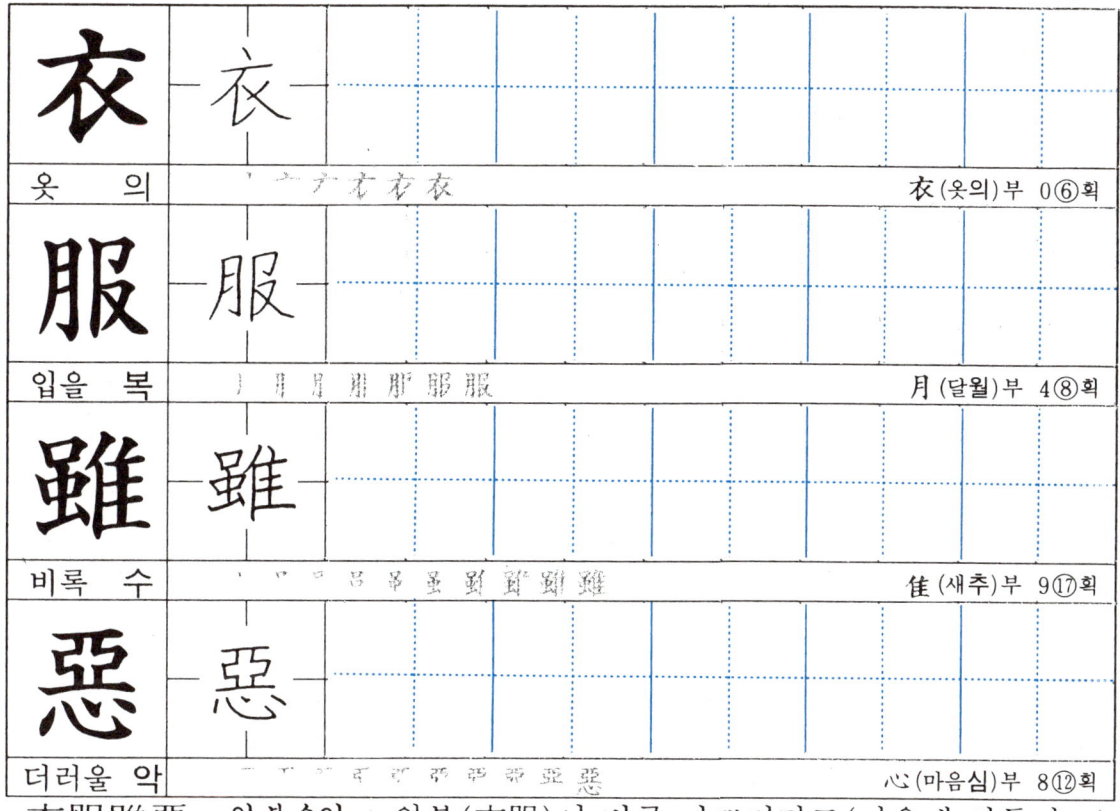

衣服雖惡　의복수악 : 의복(衣服)이 비록 나쁘더라도(마음에 안들어도).

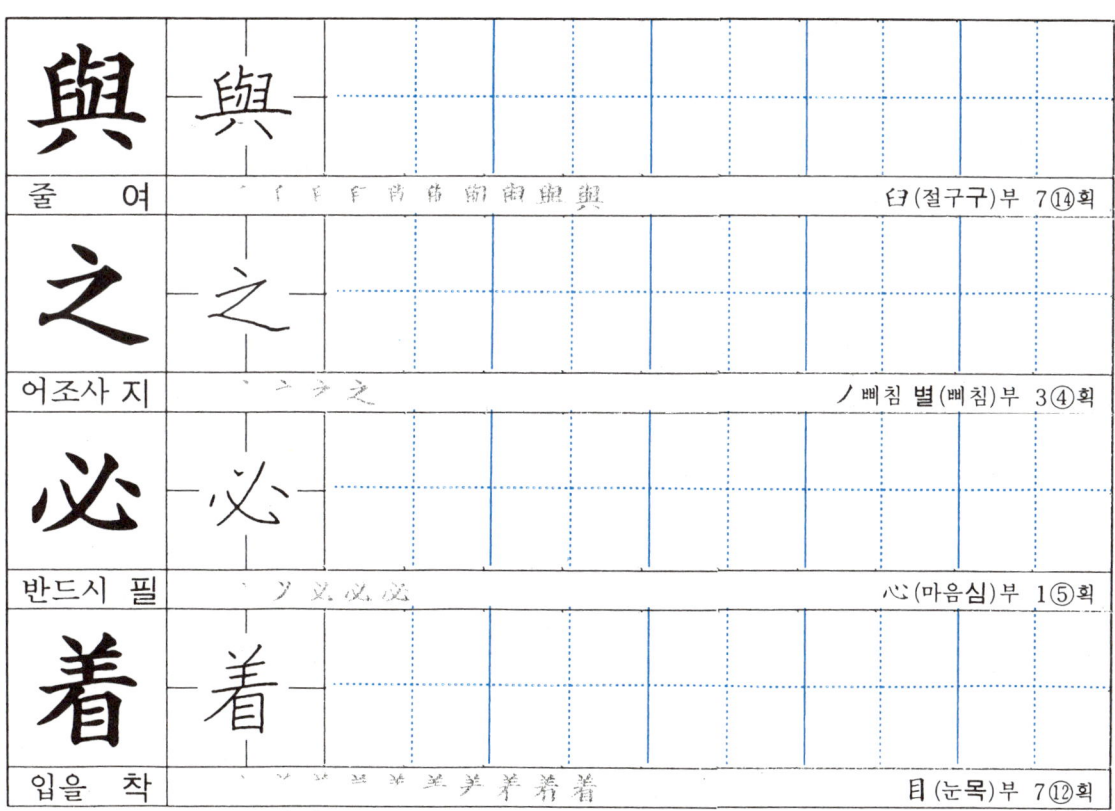

與之必着　여지필착 : 주시면 반드시 (고마운 마음으로) 입을 것이며.

衣	옷 의	衣 丶一ナ丈存衣	衣(옷의)부 0⑥획
服	입을 복	服 丿月月月肝肝服服	月(달월)부 4⑧획
帶	띠 대	帶 一十卅卅卅卅帯帯帯	巾(수건건)부 8⑪획
鞋	신 혜	鞋 一十廿廿苩革革靯鞋鞋	革(가죽혁)부 6⑮획

衣服帶靴 의복대화 : 의복(衣服)과 허리띠와 신발을,

勿	말 물	勿 丿勹勿勿	勹쌀 포(쌀포몸)부 2④획
失	잃을 실	失 丿一二失失	大(큰대)부 2⑤획
勿	말 물	勿 丿勹勿勿	勹쌀 포(쌀포몸)부 2④획
裂	찢을 열	裂 一丆歹列列列裂裂裂	衣(옷의)부 6⑫획

勿失勿裂 물실물렬 : 잃어버리지 않게 하고 찢지 말 것이며,

寒	寒							
찰 한	丶宀宀宇宙宙寒寒寒						宀 집 면(갓머리)부 9⑫획	
不	不							
아니 불	一ブオ不						一 (한일)부 3④획	
敢	敢							
감히 감	一丁丆丏耳耳耳敢敢						攴→攵 두드릴 복(등글월문)부 8⑫획	
襲	襲							
옷껴입을 습	亠音育會育龍龍襲襲襲						衣 (옷의)부 16㉒획	

寒不敢襲 한불감습 : 춥다고 감히 옷을 껴입지도 말고,

暑	暑							
더울 서	丨口曰日旦早昇暑暑						日 (날일)부 8⑫획	
勿	勿							
말 물	丿勹勿勿						勹 쌀 포(쌀포몸)부 2④획	
褰	褰							
걷어올릴 건	丶宀宀宇宙宙寒寒寒						衣 (옷의)부 10⑯획	
裳	裳							
치마 상	丶丷尙尙尙常堂堂裳						衣 (옷의)부 8⑭획	

暑勿褰裳 서물건상 : 덥다고 치마를 걷어 올리지 말라.

夏	夏
여름 하	一 丁 丆 厉 百 百 百 頁 頁 夏　　　夊 천천히걸을 쇠(천천히걸을쇠발)부 7⑩획

則	則
곧 즉	丨 冂 冂 冃 目 貝 貝 則 則　　　刀→刂 칼 도(선칼도)부 7⑨획

扇	扇
부채 선	一 ニ 亠 户 户 户 户 肩 肩 扇 扇　　　户 (지게호)부 6⑩획

枕	枕
베개 침	一 十 才 木 木 朴 枕 枕　　　木(나무목)부 4⑧획

夏則扇枕 하즉선침 : 여름에 부모님이 베개를 베고 계시면, 곧 부채질 하여 시원케 해 드리고.

冬	冬
겨울 동	丿 夂 夂 冬 冬　　　冫 얼음 빙(이수변)부 3⑤획

則	則
곧 즉	丨 冂 冂 冃 目 貝 貝 則 則　　　刀→刂 칼 도(선칼도)부 7⑨획

溫	溫
따뜻할 온	丶 冫 氵 氵 沪 沪 澗 溫 溫 溫　　　水→氵 물 수(삼수변)부 9⑫획

被	被
이불 피	丶 亠 衤 衤 衤 衤 初 衩 袚 被　　　衣→衤 옷 의(옷의변)부 5⑩획

冬則溫被 동즉온피 : 겨울에 이불을 찾으시면, 곧 따뜻하게 해 드린다.

侍	侍						
모실 시	ノ亻亻亻什件侍侍					人→亻사람 인(사람인변)부 6⑧획	
坐	坐						
앉을 좌	ノ人人'人'坐坐坐					土(흙토)부 4⑦획	
親	親						
어버이 친	立辛辛亲新親親親					見(볼견)부 9⑯획	
側	側						
곁 측	ノ亻亻亻但但俱側側					人→亻사람 인(사람인변)부 9⑪획	

侍坐親側　시좌친측 : 어버이를 모시고 곁에 앉았을 때에는,

進	進						
나아갈 진	ノ亻亻亻亻件隹隹進進進					辵→辶떨 착(책받침)부 8⑪획	
退	退						
물러갈 퇴	フョヨ尸艮艮退退					辵→辶떨 착(책받침)부 6⑨획	
必	必						
반드시 필	ヽソ义必必					心(마음심)부 1⑤획	
恭	恭						
공손할 공	一十丗丑共共恭恭恭					心→忄마음 심(마음심발)부 6⑩획	

進退必恭　진퇴필공 : 나아가고 물러감을 반드시 공손(恭遜)히 하라.

膝	膝						
무릎 슬	月 月 肝 肤 胩 胨 胨 胨 膝 膝				肉→月 고기 육(육달월)부 11⑮획		

前	前						
앞 전	丶 丷 广 岢 岢 岢 前 前				刀→刂 칼 도(선칼도)부 7⑨획		

勿	勿						
말 물	丿 勹 勿 勿				勹 쌀 포(쌀포몸)부 2④획		

坐	坐						
앉을 좌	丿 人 圦 圦 坐 坐 坐				土 (흙토)부 4⑦획		

膝前勿坐 슬전물좌 : 부모(父母)님 무릎 앞에 앉지 말고.

親	親						
어버이 친	亠 立 立 辛 亲 亲 剝 親 親 親				見 (볼견)부 9⑯획		

面	面						
얼굴 면	一 厂 冂 而 面 面 面 面 面				面 (낯면)부 0⑨획		

勿	勿						
말 물	丿 勹 勿 勿				勹 쌀 포(쌀포몸)부 2④획		

仰	仰						
쳐다볼 앙	丿 亻 亻 仰 仰 仰				人→亻 사람 인(사람인변)부 4⑥획		

親面勿仰 친면물앙 : 부모님 얼굴을 똑바로 쳐다보지 말 것이며.

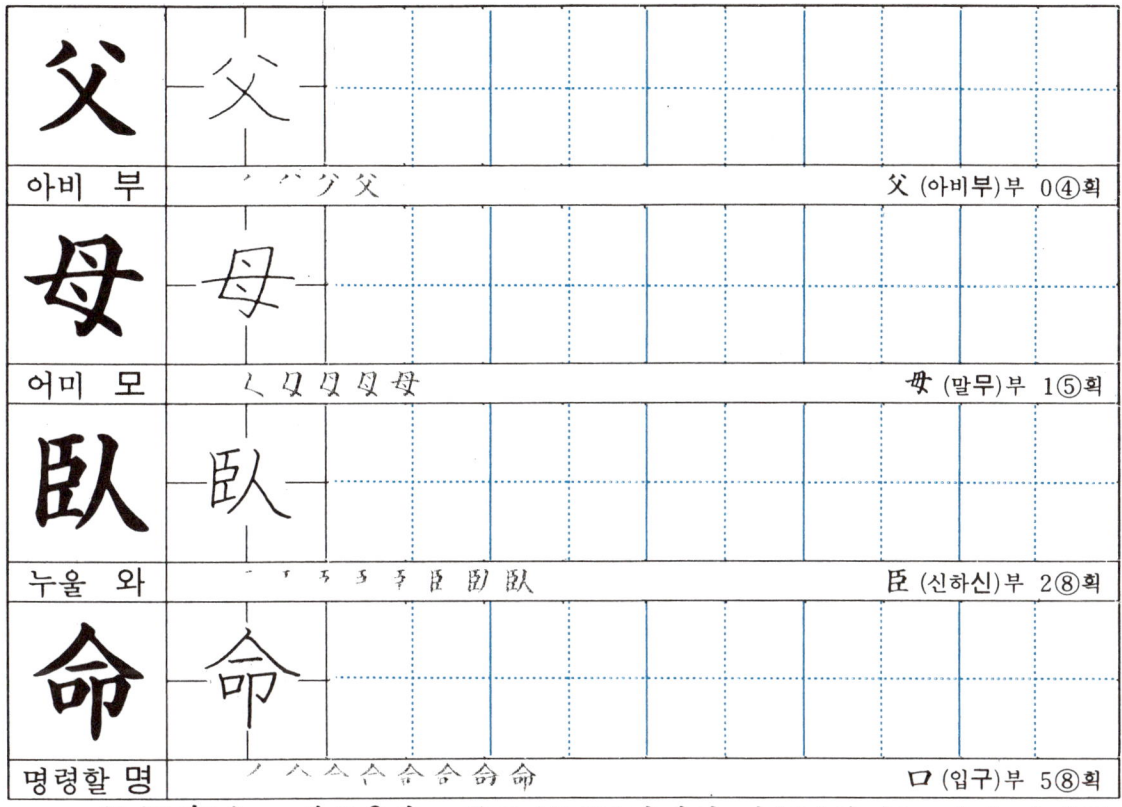

父母有命　부모유명 : 부모(父母)님께서 명(命)하시는 것이 있거든,

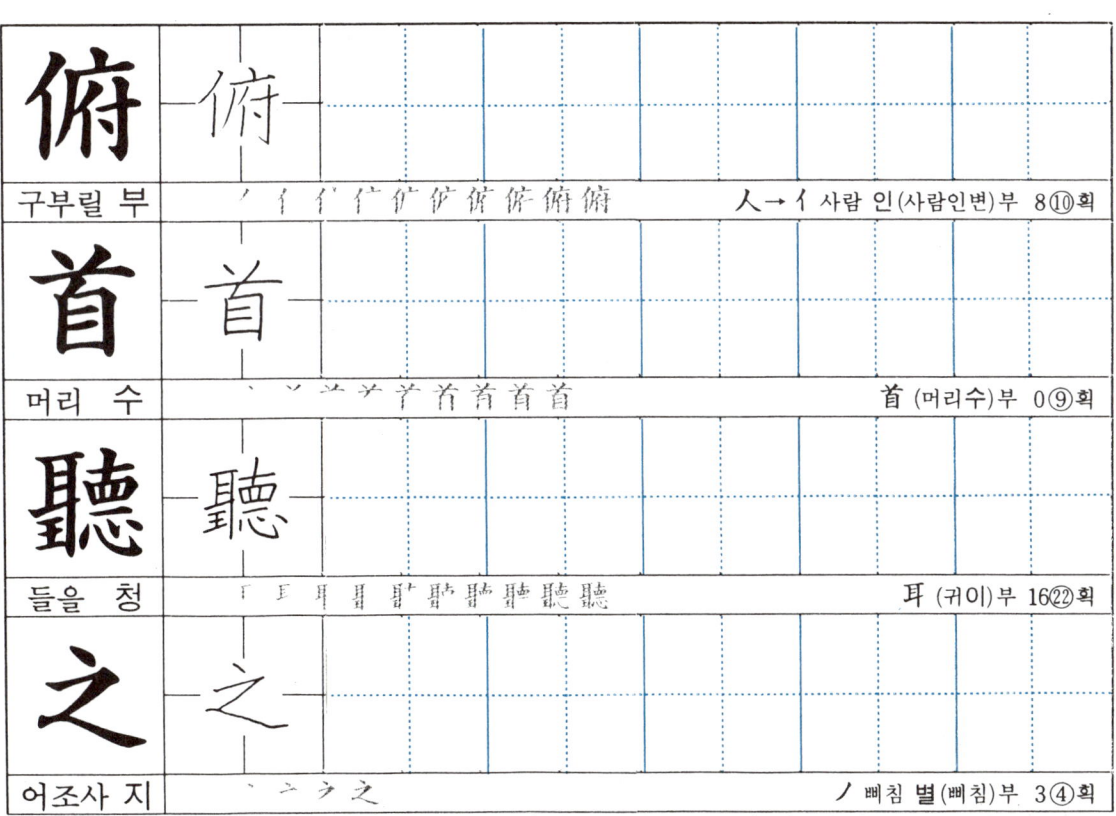

俯首敬聽　부수경청 : 머리 숙여 공손하게 경청(敬聽)해야 하며,

居	居
살 거	⁻ ⁷ ⁷ 尸 尸 斤 居 居 居　　　尸 주검 시(주검시엄)부 5⑧획

處	處
곳 처	⁻ ⁷ ⁷ 广 广 虍 虎 步 處 處 處　　虍 호피무늬 호(범호엄)부 5⑪획

靖	靖
편안할 정	⁻ ⁷ ⁷ 立 立 立 立 靑 靖 靖　　　靑(푸를청)부 5⑬획

靜	靜
고요할 정	⁻ ⁷ 靑 靑 靑 靑 靜 靜 靜 靜　　　靑(푸를청)부 8⑯획

居處靖靜 거처정정 : 거처는 편안하고 고요히 하고,

步	步
걸을 보	⁻ ⁷ ⁷ 止 止 艹 步 步 步　　　　止(그칠지)부 4⑧획

履	履
밟을 리	⁻ ⁷ ⁷ 尸 尸 尸 戸 戸 戸 戸 履 履　尸 주검 시(주검시엄)부 12⑮획

安	安
편안할 안	⁻ ⁷ ⁷ 宀 宁 安 安　　　　　　宀 집 면(갓머리)부 3⑥획

詳	詳
자세할 상	⁻ ⁷ ⁷ 言 言 訐 訐 訐 詳 詳　　　言(말씀언)부 6⑬획

步履安詳 보리안상 : 걸음을 걸을때 편안히 걷고 밟을때 자세히 살펴 걸어라.

飽	飽						
배부를 포	ノ ㅅ 今 今 今 食 食 食' 飣 飣 飽 飽					食→𩙿 밥 식(밥식변)부 5⑬획	
食	食						
먹을 식	ノ 人 人 今 今 今 食 食 食					食 (밥식)부 0⑨획	
暖	暖						
따뜻할 난	丨 日 日 日 日⠒ 日爫 晖 晖 暖					日 (날일)부 9⑬획	
衣	衣						
옷 의	ヽ ㅗ ナ 才 衣 衣					衣 (옷의)부 0⑥획	

飽食暖衣 포식난의 : 배불리 먹고 옷을 따뜻이 입으며,

逸	逸						
편안 일	ノ ク 凢 免 免 免 免 逸 逸					辵→辶 뛸 착(책받침)부 8⑪획	
居	居						
살 거	フ ㄱ 尸 尸 尸 居 居 居					尸 주검 시(주검시엄)부 5⑧획	
無	無						
없을 무	ノ 仁 仁 仨 無 無 無 無 無					火→灬 불 화(연화발)부 8⑫획	
教	教						
가르칠 교	ㅡ 十 土 耂 乡 考 孝 教 教 教					攴→攵 두드릴 복(등글월문)부 7⑪획	

逸居無教 일거무교 : 편안히 살면서 가르치지 않는다면,

即	即
곧 즉	ᄀ ᄏ ᄏ 自 皀 即 即　　　　　卩(병부절)부 5⑦획

近	近
가까울 근	ᅟ ᅮ ᅮ 斤 斤 沂 沂 近　　　辶→辶떨 착(책받침)부 4⑦획

禽	禽
새 금	人 스 스 今 全 全 侴 侴 禽 禽　　　禸(짐승발자국유)부 8⑬획

獸	獸
들짐승 수	⸝ 吅 吅 唱 單 嘼 嘼 獸 獸　　　犬(개견)부 15⑲획

即近禽獸 즉근금수 : 곧 새와 짐승에 가까울 것이니,

聖	聖
성인 성	一 T F 耳 耳 郎 郎 聖 聖　　　耳(귀이)부 7⑬획

人	人
사람 인	ノ 人　　　　　　　　　　　　　　人(사람인)부 0②획

憂	憂
근심할 우	一 ᅮ 百 百 百 惪 憂 憂 憂　　　心(마음심)부 11⑮획

之	之
어조사 지	ゝ 亠 ラ 之　　　　　　　　　ノ삐침 별(삐침)부 3④획

聖人憂之 성인우지 : 성인은 그것을 근심한다

愛	愛					
사랑 애	⼀⼟⼟⼟⼟⼟⼟⼟愛愛愛				心 (마음심)부 9⑬획	
親	親					
어버이 친	⼀⼟⼟⽴⽴辛亲亲朝親親				見 (볼견)부 9⑯획	
敬	敬					
공경할 경	⼀⼟⼟⼟⼟芍苟苟苟敬敬				攴→攵 두드릴 복(등글월문)부 8⑫획	
兄	兄					
맏 형	⼀⼝⼝⼝兄				儿 어진사람 인(어진사람인발)부 3⑤획	

愛親敬兄 애친경형 : 어버이를 사랑하고 형을 공경함은,

良	良					
진실로 량	⼀⼟⼟⼟良良良				艮 (괘이름간)부 1⑦획	
知	知					
알 지	⼀⼟⼟矢矢知知				矢 (화살시)부 3⑧획	
良	良					
좋을 량	⼀⼟⼟⼟良良良				艮 (괘이름간)부 1⑦획	
能	能					
능할 능	⼀⼟⼟⼟育育育能能能				肉→月 고기 육(육달월)부 6⑩획	

良知良能 양지양능 : 진실로 앎이요 좋은 능력이다.

口	口
입 구	ㅣㅁ口　　　　　　　　　口 (입구)부 0③획

勿	勿
말 물	ノケ勺勿　　　　　　　　勹 쌀 포(쌀포몸)부 2④획

雜	雜
섞일 잡	一亠宀卒卆杂剃新新雜雜雜　　　隹 (새추)부 10⑱획

談	談
말씀 담	一二言言言言許談談談　　　言 (말씀언)부 8⑮획

口勿雜談　구물잡담 : 입으로는 잡담(雜談)을 하지 말고.

手	手
손 수	ノ二三手　　　　　　　　手 (손수)부 0④획

勿	勿
말 물	ノケ勺勿　　　　　　　　勹 쌀 포(쌀포몸)부 2④획

雜	雜
섞일 잡	一亠宀卒卆杂剃新新雜雜雜　　　隹 (새추)부 10⑱획

戲	戲
희롱할 희	ノ广卢虍虐虛戲戲戲　　　戈 (창과)부 13⑰획

手勿雜戲　수물잡희 : 손으로는 난잡(亂雜)한 장난을 하지 말라.

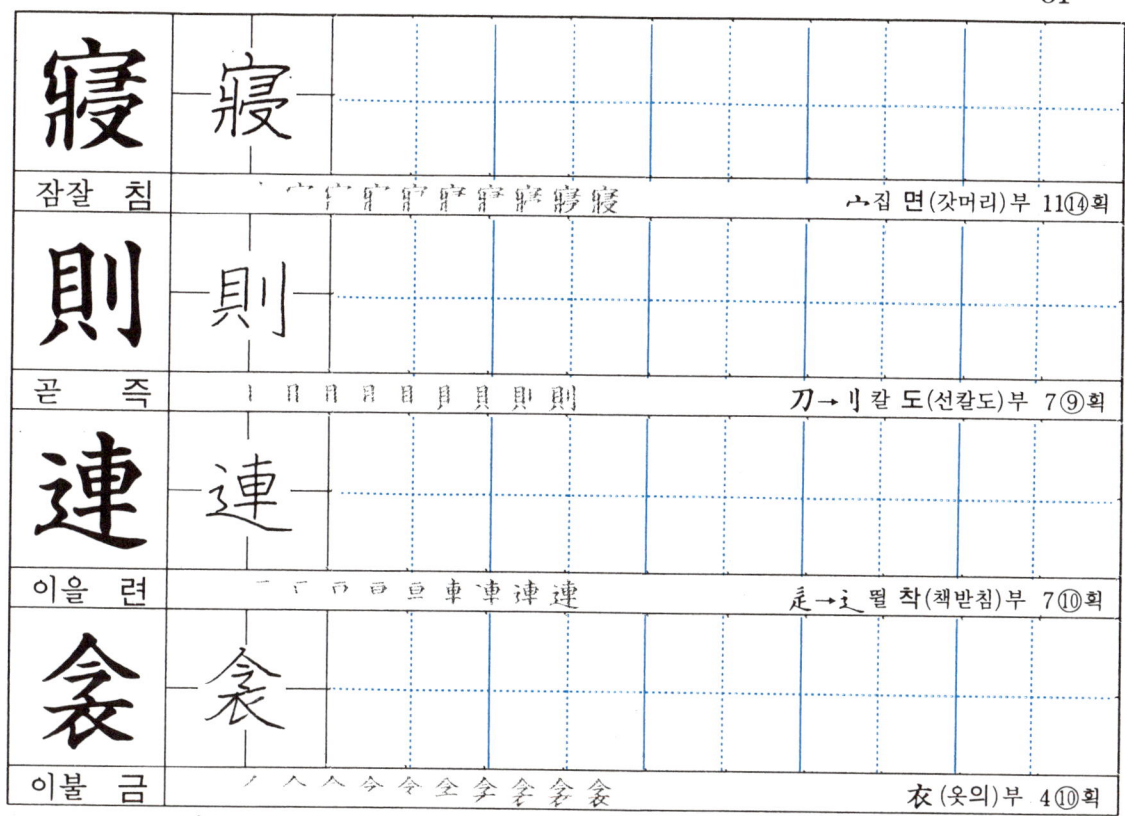

寢則連衾 침즉연금 : 잠자리에서는 이불을 나란히 하여 자며.

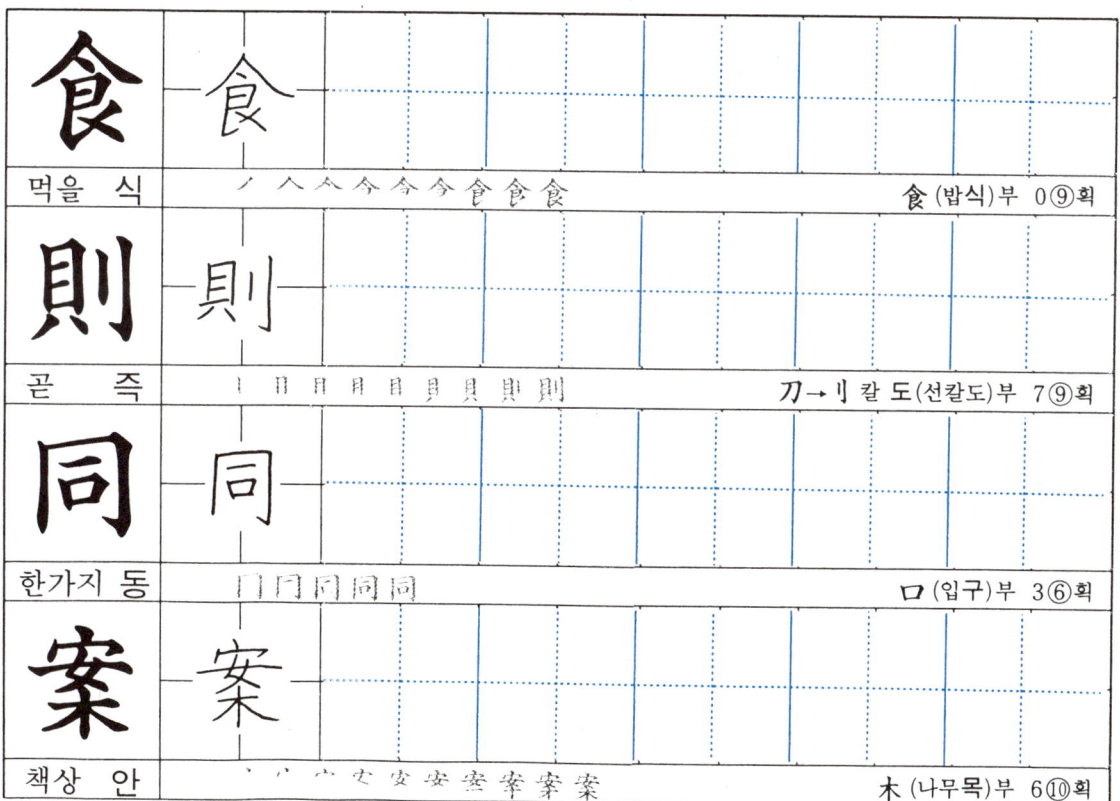

食則同牀 식즉동상 : 밥 먹을 때에는 밥상을 함께 하라.

借	借					
빌어올 차	ノイイ什件借借借借借				人→亻 사람 인(사람인변)부 8⑩획	
人	人					
사람 인	ノ人				人 (사람인)부 0②획	
典	典					
책 전	丶口曰曲曲曲典典				八 (여덟팔)부 6⑧획	
籍	籍					
책 적	′ ′ ′ 竹 竺 筆 筆 籍 籍 籍				竹 (대죽)부 14⑳획	

借人典籍 차인전적 : 전적(서적 : 책)을 빌려온 사람은,

勿	勿					
말 물	′ 勹 勿 勿				勹 쌀 포(쌀포몸)부 2④획	
毀	毀					
헐 훼	′ ′ 亻 臼 臼 臼 皀 皀 毁 毀				殳 칠 수(갖은등글월문)부 9⑬획	
必	必					
반드시 필	丶 ソ 必 必 必				心 (마음심)부 1⑤획	
完	完					
완전할 완	丶 丶 宀 宀 宀 宇 完				宀 집 면(갓머리)부 4⑦획	

勿毁必完 물훼필완 : 헐거나 찢거나 더럽히지 말고 반드시 완벽(빌려온 물건을 전대로 돌려보냄)하게 하라.

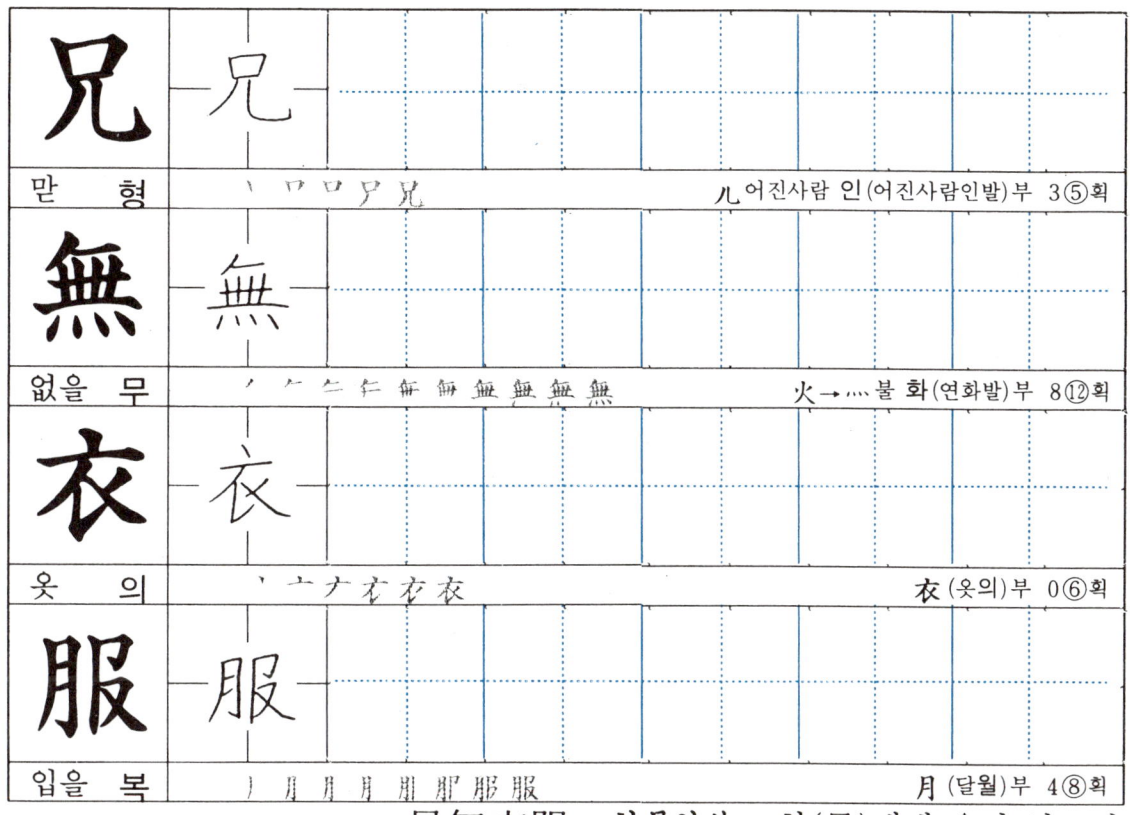

兄無衣服　형무의복 : 형(兄)에게 옷이 없으면,

弟必獻之　제필헌지 : 동생은 반드시 형(兄)에게 드려야 하고,

弟	弟				
아우 제	⸍ ⸌ ⸍ ⸜ ⸝ 弓 弟 弟			弓 (활궁)부 4⑦획	
無	無				
없을 무	⸍ ⸌ ⸍ ⸜ 钲 無 無 無 無			火→灬 불 화(연화발)부 8⑫획	
飮	飮				
마실 음	⸍ ⸌ ⸍ 亽 今 食 食 飮 飮 飮			食→飠 밥 식(밥식변)부 4⑫획	
食	食				
먹을 식	⸍ ⸌ ⸍ 亽 今 今 食 食 食			食 (밥식)부 0⑨획	

弟無飮食　제무음식 : 동생이 먹을 것이 없으면,

兄	兄				
맏 형	⸍ 口 口 尸 兄			儿 어진사람 인(어진사람인발)부 3⑤획	
必	必				
반드시 필	⸍ ⸌ 必 必 必			心 (마음심)부 1⑤획	
與	與				
줄 여	⸍ ⸌ ⸍ 臼 臼 卽 與 與			臼 (절구구)부 7⑭획	
之	之				
어조사 지	⸍ ⸌ ⸍ 之			丿 삐침 별(삐침)부 3④획	

兄必與之　형필여지 : 형(兄)은 마땅히 동생에게 주어야 한다.

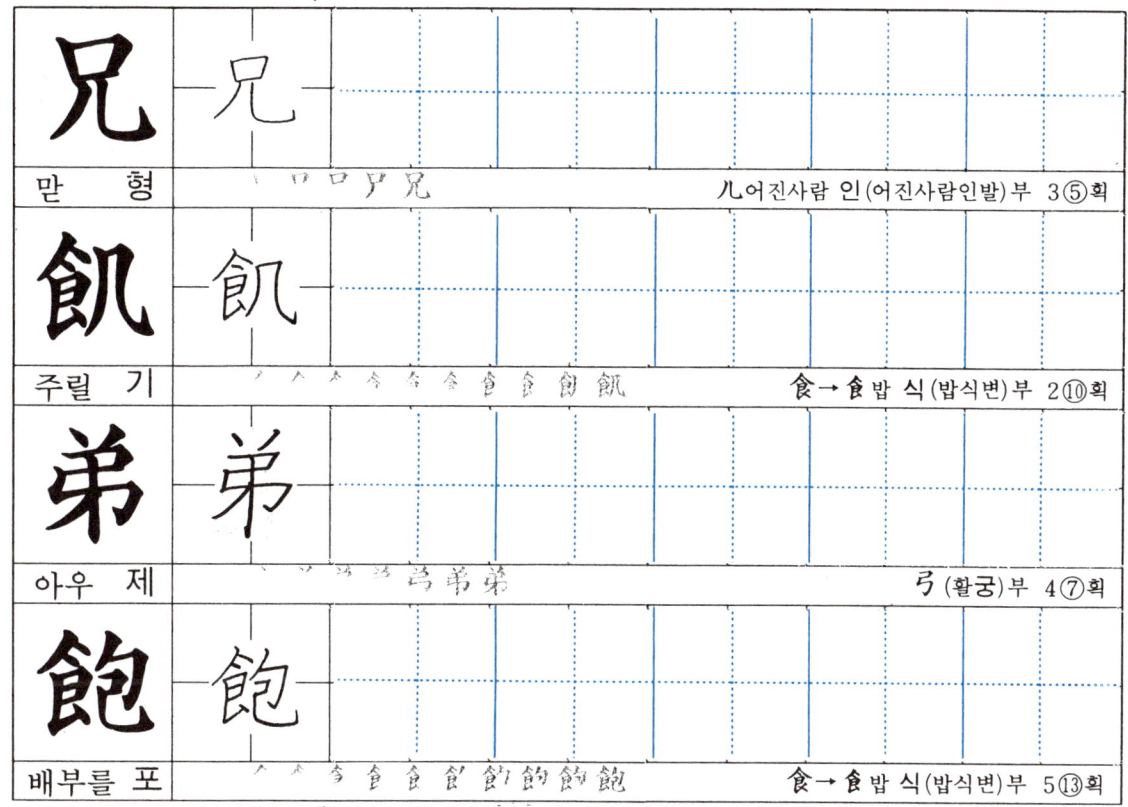

兄飢弟飽 형기제포 : 형은 배를 주리고 굶고 아우만 배부르다면,

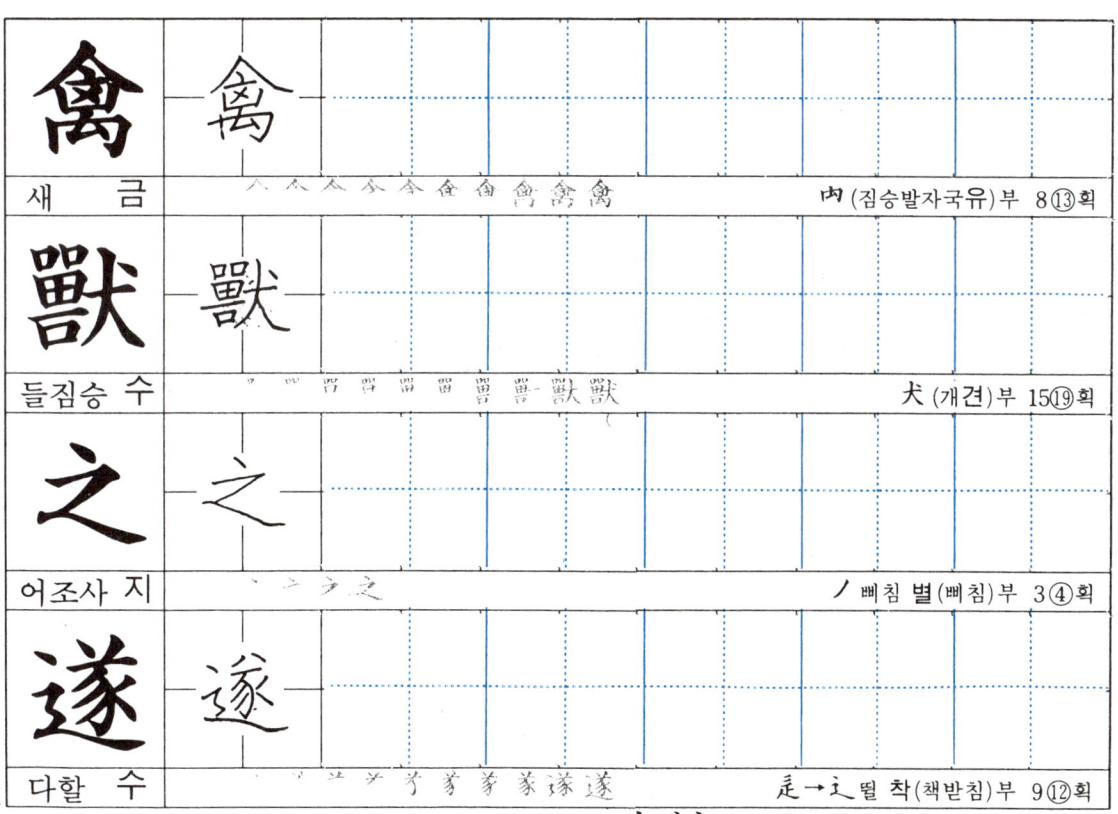

禽獸之道 금수지수 : 새나 짐승들이 다할 짓이다.

兄	兄							
맏 형	ノ ロ ロ ア 兄　　儿 어진사람 인(어진사람인발)부 3⑤획

弟	弟
아우 제	゛ ゛ ゛ ゛ 弟 弟　　弓 (활궁)부 2⑩획

之	之
어조사 지	、 一 ラ 之　　ノ 삐침 별(삐침)부 3④획

情	情
뜻 정	、 ゛ ゛ 忄 忄 忄 情 情 情　　心→忄 마음 심(심방변)부 8⑪획

兄弟之情 형제지정 : 형제의 정은,

友	友
우애 우	一 ナ 方 友　　又 (또우)부 2④획

愛	愛
사랑 애	ノ ⺍ 爫 ⺈ 疒 感 感 愛 愛 愛　　心 (마음심)부 9⑬획

而	而
뿐 이	一 ア 丆 丙 而 而　　而 (말이을이)부 0⑥획

已	已
따름 이	⁊ ㄱ 已　　己 (몸기)부 0③획

友愛而已 우애이이 : 서로 우애하고 사랑할 뿐이요 따름이다.

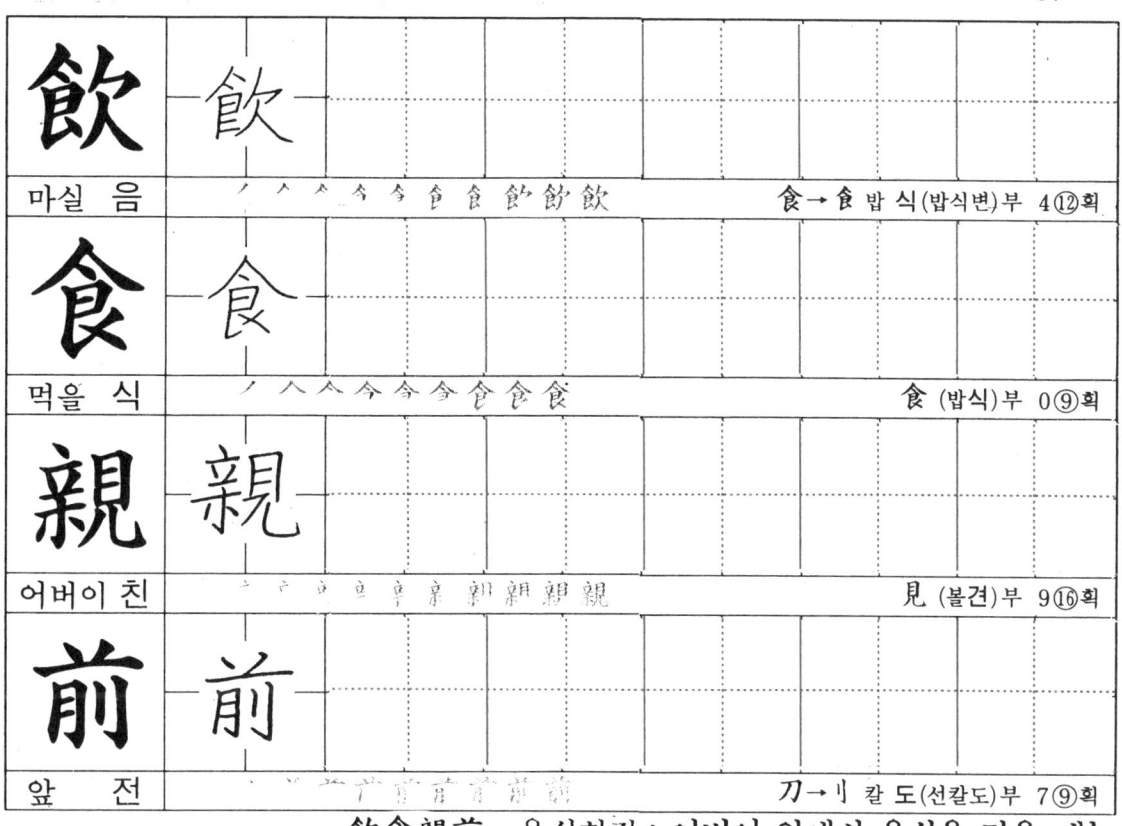

飲食親前 음식친전 : 어버이 앞에서 음식을 먹을 때는,

勿出器聲 물출기성 : 그릇 소리를 내지 말라.

居	居							
살 거	⁻ ⁷ ⁷ 尸 尸 居 居 居					尸 주검 시(주검시엄)부 5⑧획		
必	必							
반드시 필	⁻ ﹨ 必 必 必					心 (마음심)부 1⑤획		
擇	擇							
가릴 택	一 ⼗ 扌 扩 押 押 押 擇 擇 擇					手→扌 손 수(재방변)부 13⑯획		
隣	隣							
이웃 린	³ ⻖ ⻖ 阡 阡 陜 陜 陜 陜 隣					阜→⻖ 언덕 부(좌부변)부 12⑮획		

居必擇隣　거필택린 : 거처(居處)는 반드시 이웃을 가려 하고,

就	就							
나아갈 취	⸍ ⼀ 亠 亡 古 亨 京 京 就 就 就					尢(절름발이왕)부 9⑫획		
必	必							
반드시 필	⁻ ﹨ 必 必 必					心 (마음심)부 1⑤획		
有	有							
있을 유	⼀ ナ 冇 有 有 有					月 (달월)부 2⑥획		
德	德							
큰 덕	⼀ 彳 彳 𢖨 𢖩 徳 徳 徳 徳					彳 자축거릴 척(두인변·중인변)부 12⑮획		

就必有德　취필유덕 : 나아감에는 덕(德) 있는 사람에게 가라.

父	父						
아비 부	′ ハ ク 父					父 (아비부)부 0④획	

母	母						
어미 모	ㄴ 乚 口 口 母					母 (말무)부 1⑤획	

衣	衣						
옷 의	′ 一 ナ ナ 衣 衣					衣 (옷의)부 0⑥획	

服	服						
옷 복	) 刀 月 月 肌 服 服					月 (달월)부 4⑧획	

父母衣服　부모의복 : 부모(父母)님의 의복(衣服=옷)은.

勿	勿						
말 물	′ ク 勹 勿					勹쌀 포(쌀포몸)부 2④획	

踰	踰						
넘을 유	口 口 묘 묘 昆 많 많 踰 踰 踰					足→⻊발 족(발족변)부 9⑯획	

勿	勿						
말 물	′ ク 勹 勿					勹쌀 포(쌀포몸)부 2④획	

踐	踐						
밟을 천	口 口 묘 묘 昆 많 踐 踐 踐					足→⻊발 족(발족변)부 8⑮획	

勿踰勿踐　물유물천 : 넘어 다니거나 밟지 말라.

書	書						
글 서	フっョ⼺⺌ᄏ書書書書					日 (가로왈)부 6⑩획	
机	机						
책상 궤	一十才 朷机					木 (나무목)부 2⑥획	
書	書						
글 서	フっョ⺌ᄏ書書書書					日 (가로왈)부 6⑩획	
硯	硯						
벼루 연	一ナ石石石 硯硯硯					石 (돌석)부 7⑫획	

書机書硯 서궤서연 : 책상과 벼루. 곧 공부할 때 필요한 모든 기물.

自	自						
스스로 자	ノ´亻´自自自					自 (스스로자)부 0⑥획	
黥	黥						
자자할 경						黑 (검을흑)부 8⑳획	
其	其						
어조사 기	一十廿甘其其其					八 (여덟팔)부 6⑧획	
面	面						
겉,면 면	一ア丆百面面面面					面 (낯면)부 0⑨획	

自黥其面 자경기면 : 절대로 가구나 학용품 겉면이나 표면에 스스로 자자(글자로 문신하는 일)하지 말라.

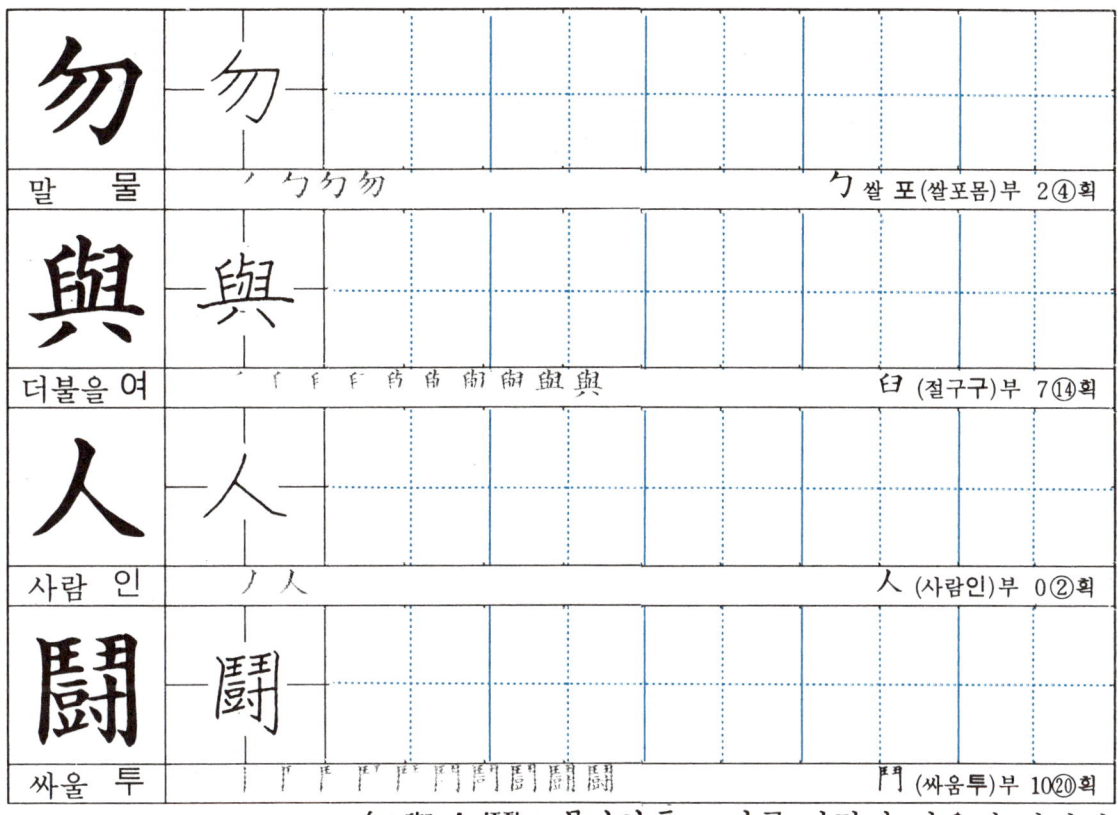

勿與人鬪 물여인투 : 다른 사람과 싸우지 말아라.

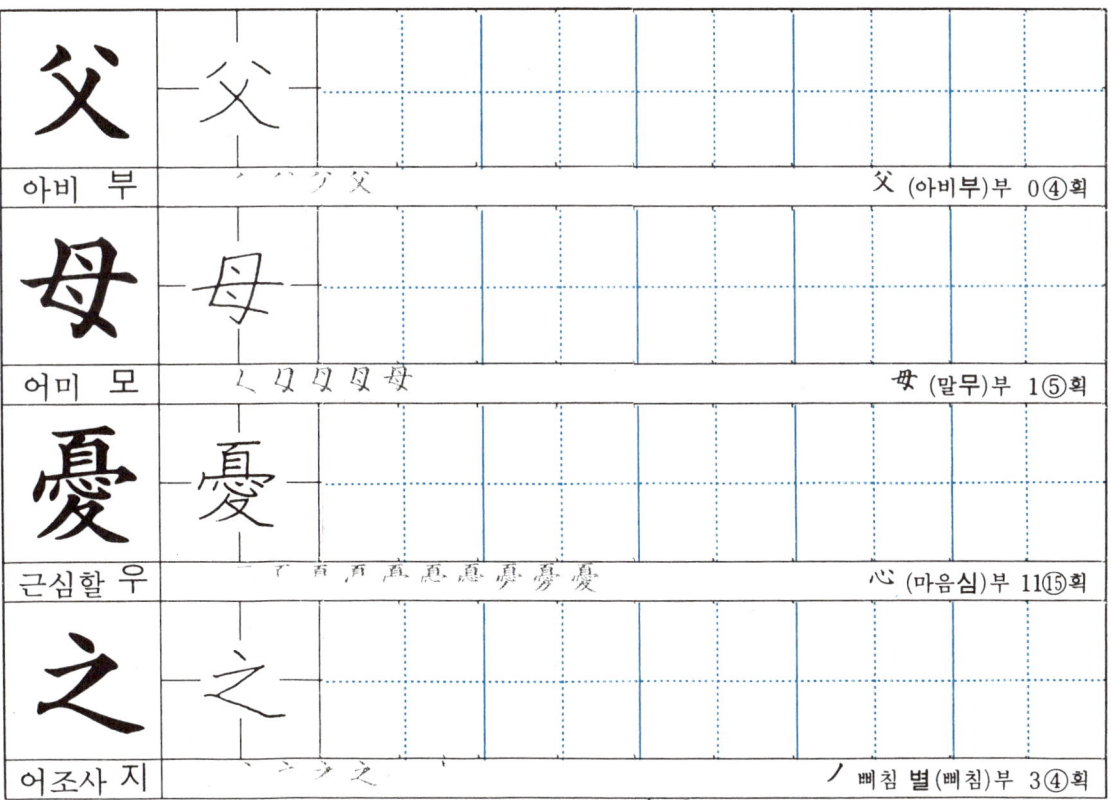

父母憂之 부모우지 : 부모(父母)님이 이것을 근심 걱정하신다.

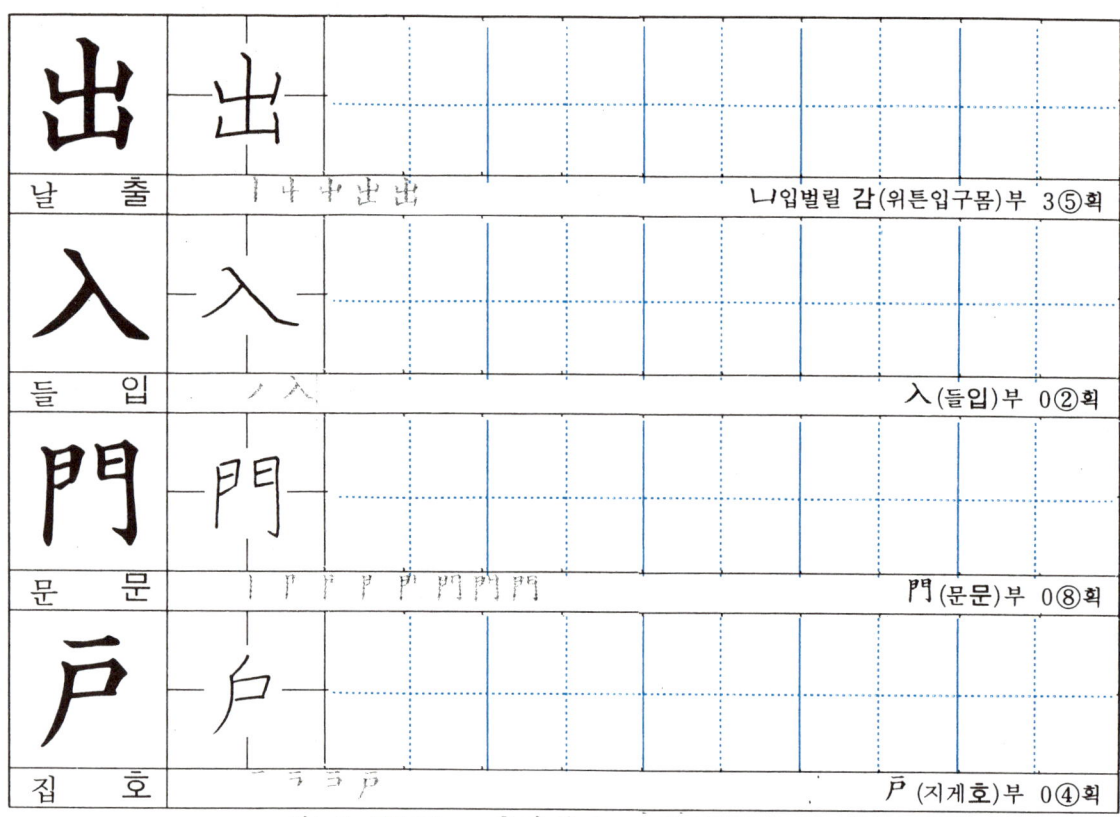

出入門戶　출입문호 : 문(門)을 들어오고 나갈 때에는,

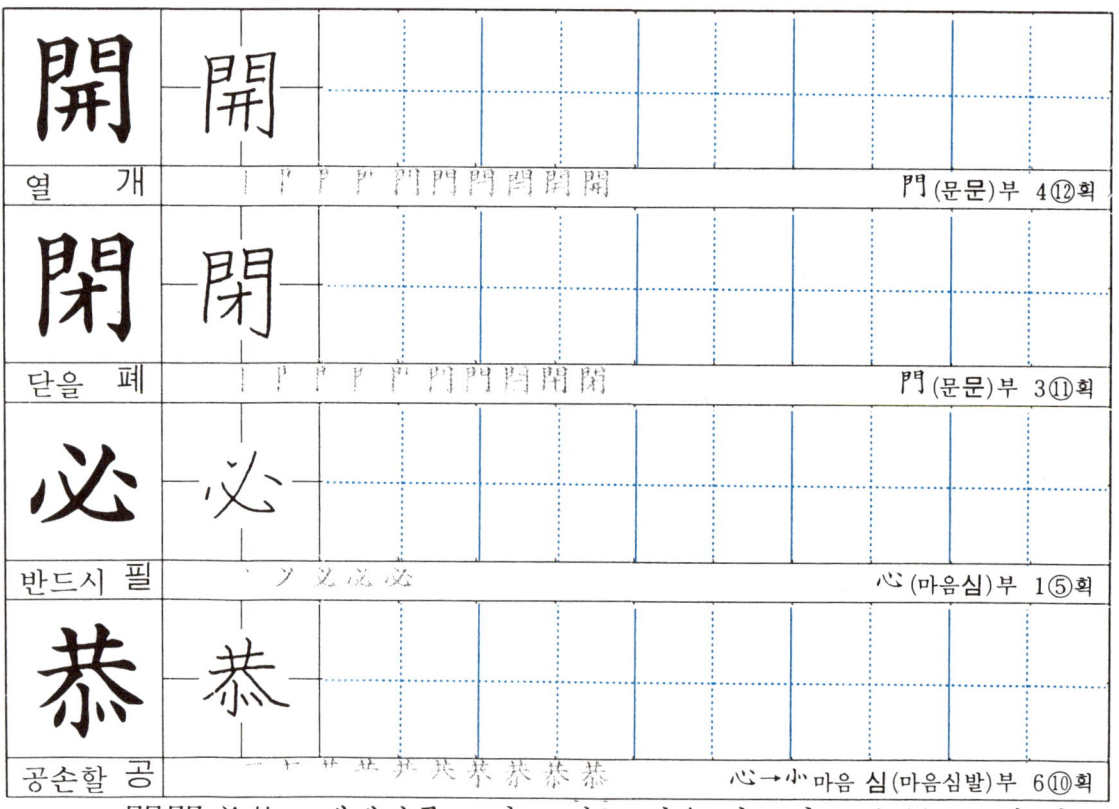

開閉必恭　개폐필공 : 열고 닫는 것을 반드시 공손(恭遜)히 하고.

紙	紙							
종이 지	⟨ ㄥ ㄠ 幺 糸 糸 糸 紅 紙 紙						糸(실사)부 4⑩획	
筆	筆							
붓 필	ノ ト ト 竹 竺 竺 筝 筝 筆						竹(대죽)부 6⑫획	
硯	硯							
벼루 연	一 ア 石 石 石 硯 硯 硯 硯						石(돌석)부 7⑫획	
墨	墨							
먹 묵	丶 冂 冂 曱 里 黑 黑 黑 墨 墨						土(흙토)부 12⑮획	

紙筆硯墨 지필연묵 : 종이와 붓과 벼루와 먹은,

文	文							
글월 문	丶 一 ナ 文						文(글월문)부 0④획	
房	房							
방 방	丶 一 ヲ 戶 戶 房 房 房						戶(지게호)부 4⑧획	
四	四							
넷 사	丨 冂 冂 四 四						口에울 위(큰입구·에운담)부 2⑤획	
友	友							
벗 우	一 ナ 方 友						又(또우)부 2④획	

文房四友 문방사우 : 글방에 네 벗이다.

晝	晝						
낮 주	ノ丶ユ尹尹書書書書書					日 (날일)부 7⑪획	
耕	耕						
밭갈 경	一二三丰丰耒耒耒耕耕					耒 (쟁기뢰)부 4⑩획	
夜	夜						
밤 야	丶亠广疒夲夜夜夜					夕 (저녁석)부 5⑧획	
讀	讀						
읽을 독	丶亠言言訓讀讀讀讀讀					言 (말씀언)부 15㉒획	

晝耕夜讀 주경야독 : 낮에는 밭갈고, 밤에는 책을 읽고,

夏	夏						
여름 하	一一一百百百百頁夏夏					夂 천천히걸을 쇠(천천히걸을쇠발)부 7⑩획	
禮	禮						
예도 례	丶亠礻禮禮禮禮禮禮禮					示 (보일시)부 13⑱획	
春	春						
봄 춘	一二三 夫 夫 春 春 春					日 (날일)부 5⑨획	
詩	詩						
글 시	丶亠言言訐訐訝詩詩詩					言 (말씀언)부 6⑬획	

春禮夏詩 하례춘시 : 여름에는 예의를, 봄에는 시를 배운다.

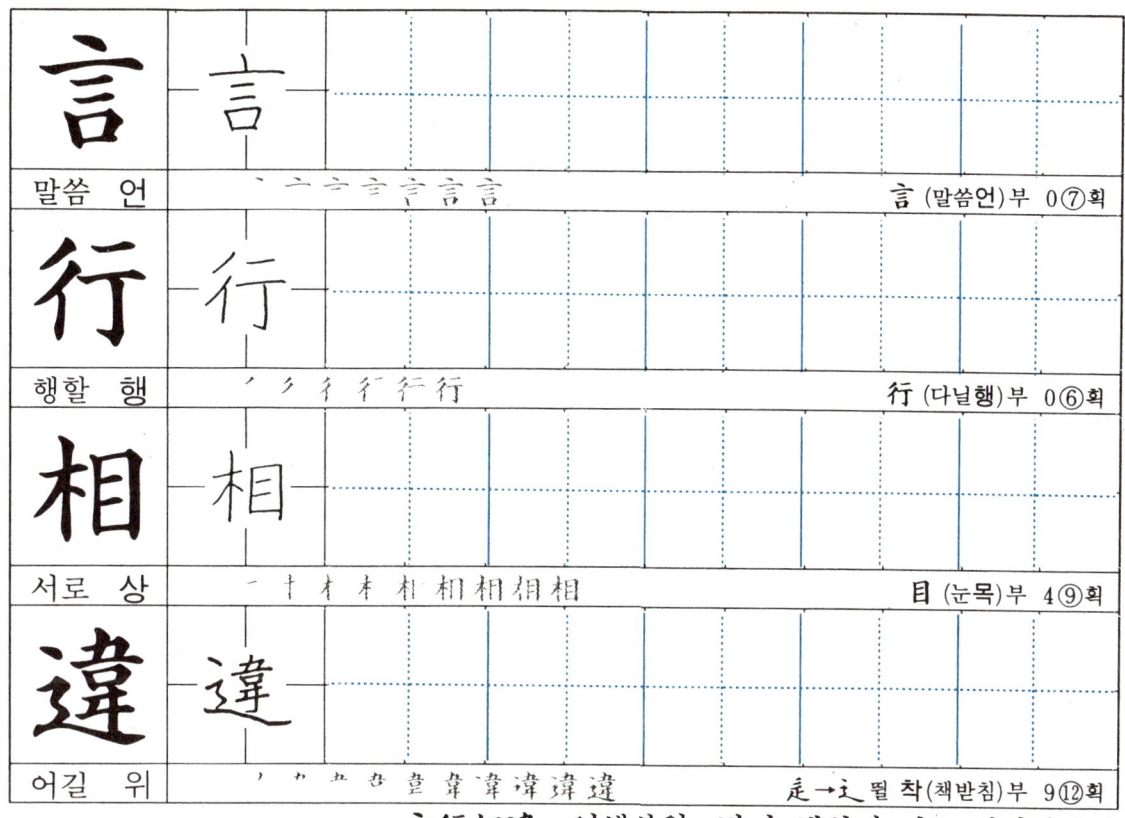

言行相違 언행상위 : 말과 행실이 서로 어기어지면,

辱及于先 욕급우선 : 욕이 선조에 까지 미친다.

行	行
행할 행	行 (다닐행)부 0⑥획

不	不
아니 불	一 (한일)부 3④획

如	如
같을 여	女 (계집녀)부 3⑥획

言	言
말씀 언	言 (말씀언)부 0⑦획

行不如言 행불여언 : 행실이 말과 같지 않으면,

辱	辱
욕 욕	辰 (별신)부 3⑩획

及	及
미칠 급	又 (또우)부 2④획

于	于
어조사 우	二 (두이)부 1③획

身	身
몸 신	身 (몸신)부 0⑦획

辱及于身 욕급우신 : 욕이 자신에게 미친다.

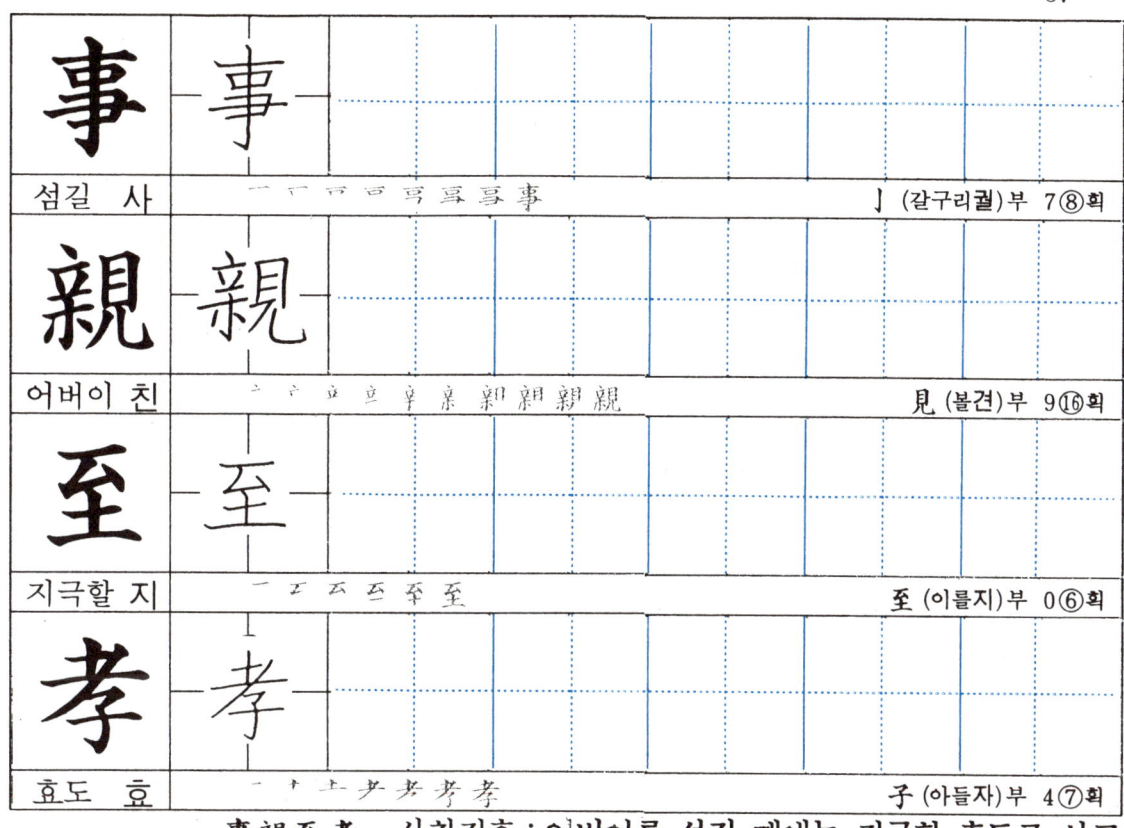

事親至孝　사친지효 : 어버이를 섬길 때에는 지극한 효도로 하고,

養志養體　양지양체 : 어버이에 뜻을 기리고 옥체를 잘 봉양해 드려야 한다.

| 雪 | 눈 설 | 雨 (비우)부 3⑪획 |

| 裡 | 속 리 | 衣→衤 옷 의(옷의변)부 7⑫획 |

| 求 | 구할 구 | 水 (물수)부 2⑦획 |

| 筍 | 대싹 순 | 竹 (대죽)부 6⑫획 |

雪裡求筍 설리구순 : 눈 속에서 죽순을 구함은,

| 孟 | 맏 맹 | 子 (아들자)부 5⑧획 |

| 宗 | 마루 종 | 宀 집 면(갓머리)부 5⑧획 |

| 之 | 어조사 지 | 丿 삐침 별(삐침)부 3④획 |

| 孝 | 효도 효 | 子 (아들자)부 4⑦획 |

孟宗之孝 맹종지효 : 맹종(제일 높음)의 효도다.

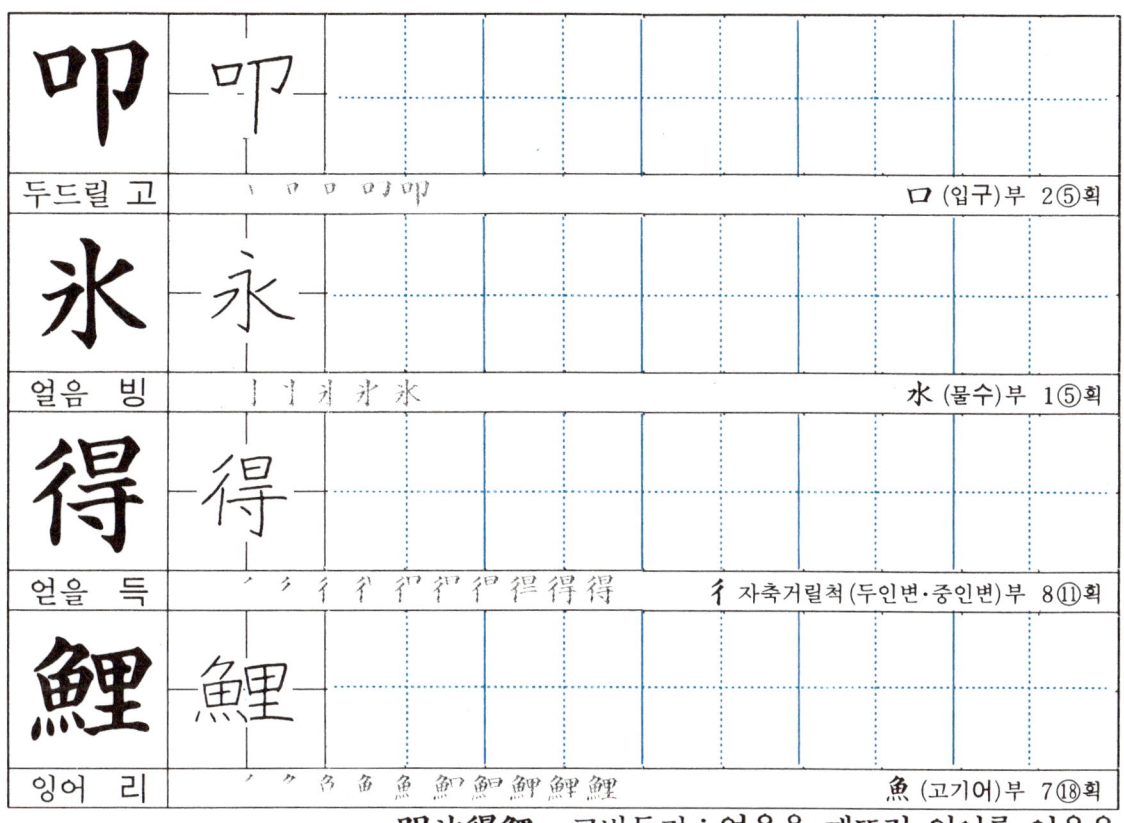

叩氷得鯉 고빙득리 : 얼음을 깨뜨려 잉어를 얻음은,

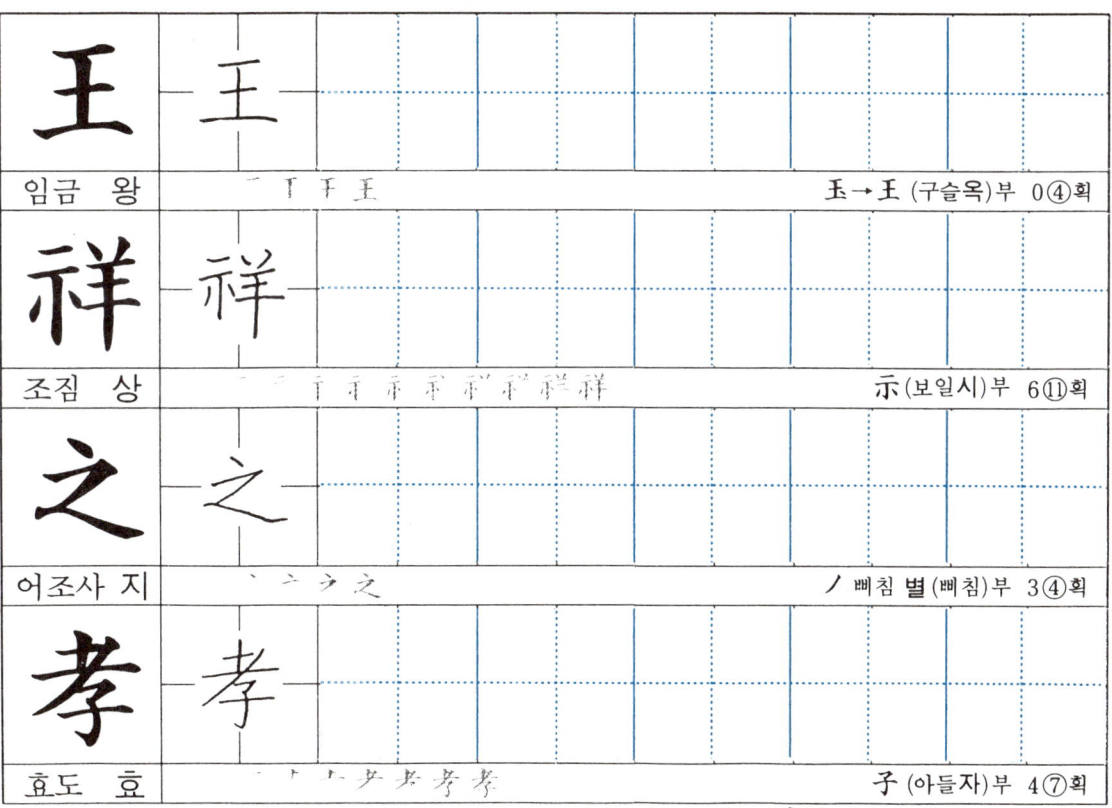

王祥之孝 왕상지효 : 왕상의 효도다.

晨	晨							
새벽 신	丶冂冃目月尸辰晨晨						日 (날일)부 7⑪획	

必	必							
반드시 필	丶ソ必必必						心 (마음심)부 1⑤획	

先	先							
먼저 선	ノ 一 止 生 先 先						儿 어진사람 인(어진사람인발)부 4⑥획	

起	起							
일어날 기	一 十 土 キ キ 丰 走 走 起 起 起						走 (달아날주)부 3⑩획	

晨必先起 신필선기 : 새벽에는 반드시 먼저 일어나고.

暮	暮							
저물 모	丶一艹艹甘苔苔莫莫莫暮暮暮						日 (날일)부 10⑭획	

須	須							
모름지기 수	丶ノ彡彡彡須須須須						頁 (머리혈)부 3⑫획	

後	後							
뒤 후	丶ノ彳彳祚祚祚後後						彳 자축거릴 척(두인변·중인변)부 6⑨획	

寢	寢							
잠잘 침	丶丶宀宀宀宇宁寑寑寝寝寢						宀 집 면(갓머리)부 11⑭획	

暮須後寢 모수후침 : 저녁에는 모름지기 잠자리를 보살펴 드린 뒤 잠을 자라.

冬	冬
겨울 동	ノク久冬冬　　　　　　　　　　　冫얼음 빙(이수변)부 3⑤획

溫	溫
따뜻할 온	氵氵沪沪沪沪溫溫溫　　　　　水→氵물 수(삼수변)부 9⑫획

夏	夏
여름 하	一丁丙丙丙百百夏夏　　　夂천천히걸을 쇠(천천히걸을쇠발)부 7⑩획

淸	淸
서늘할 청	冫冫冫汁汁汁淸淸淸淸　　　　　冫얼음 빙(이수변)부 8⑩획

冬溫夏淸　동온하정 : 겨울에는 따뜻하고, 여름에는 시원하게 해드려라.

昏	昏
저물 혼	一丆氏氏昏昏昏　　　　　　　　　　日(날일)부 4⑧획

定	定
정할 정	丶丶宀宀宀宇定定　　　　　　　　宀집 면(갓머리)부 5⑧획

晨	晨
새벽 신	一口日旦尸厍厍晨晨晨　　　　　　　日(날일)부 7⑪획

省	省
살필 성	丶丨小少少省省省省　　　　　　　　目(눈목)부 4⑨획

昏定晨省　혼정신성 : 저녁엔 잠자리를 정한 후, 새벽에는 살피고.

出	出						
날 출	ㅣ ㄴ 屮 出 出				ㄴ 입벌릴 감(위튼입구몸)부 3⑤획		
不	不						
아니 불	一 ア 不 不				一 (한일)부 3④획		
易	易						
바꿀 역	ㅣ ㅁ ㅂ ㅁ 目 易 易 易				日 (날일)부 4⑧획		
方	方						
방향 방	ㆍ 亠 方 方				方 (모방)부 0④획		

出不易方 출불역방 : 집을 나갈 때에 방향을 바꾸지 말고,

遊	遊						
여행할 유	ㆍ 亠 方 方 方 斻 斿 斿 游 遊 遊				辵→辶 뛸 착(책받침)부 9⑫획		
必	必						
반드시 필	ㆍ ㄣ 必 必 必				心 (마음심)부 1⑤획		
有	有						
있을 유	ノ ナ 才 有 有 有				月 (달월)부 2⑥획		
方	方						
방위 방	ㆍ 亠 方 方				方 (모방)부 0④획		

游必有方 유필유방 : 여행을 할 때도 반드시 방위와 있는 곳이 분명해야 한다.

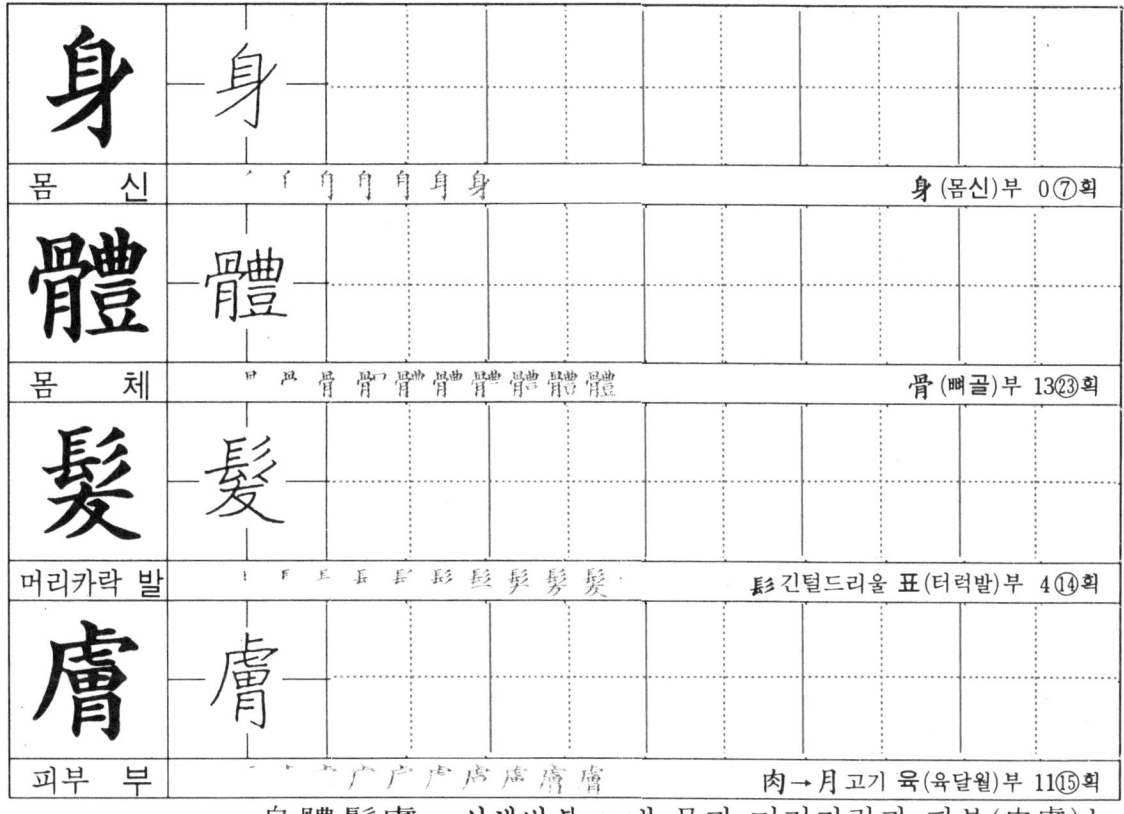

身體髮膚 신체발부 : 내 몸과 머리카락과 피부(皮膚)는,

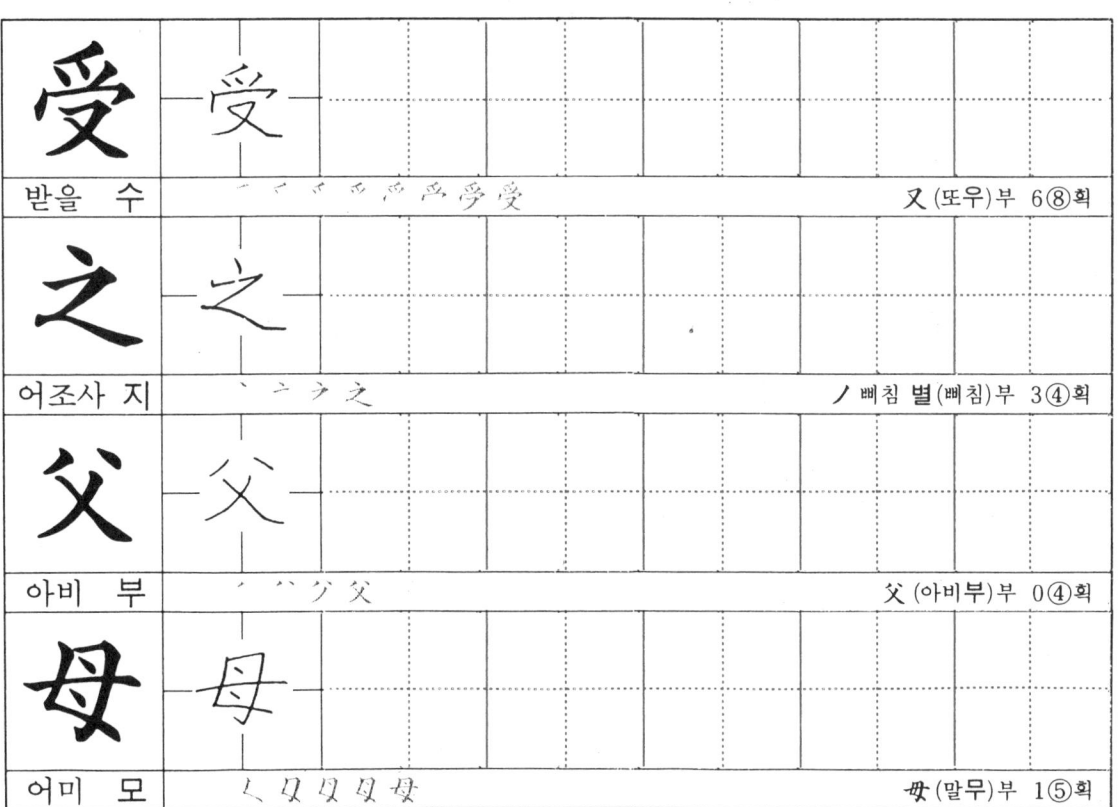

受之父母 수지부모 : 모두 부모(父母)님으로부터 받은 것이니

不	不					
아니 불	一 ア ブ 不				一 (한일)부 3④획	
敢	敢					
감히 감	一 T T F 耳 軍 耳 耳 取 敢				攴→攵 두드릴 복(등글월문)부 8⑫획	
毀	毀					
야윌 훼	´ ′ ′′ 𣥂 臼 臼 毀 毀 毀				殳 칠 수(등글월문)부 9⑬획	
傷	傷					
상할 상	亻 亻 亻′ 亻′′ 亻′′′ 倬 傷 傷 傷				人→亻 사람 인(사람인변)부 11⑬획	

不敢毁傷 불감훼상 : 감히 몸을 상하지 않게 하는 것이.

孝	孝					
효도 효	一 + 土 少 耂 孝 孝				子 (아들자)부 4⑦획	
之	之					
어조사 지	丶 一 ラ 之				丿 삐침 별(삐침)부 3④획	
始	始					
처음 시	𡿨 𡿩 女 女' 妒 始 始 始				女 (계집녀)부 5⑧획	
也	也					
어조사 야	一 力 也				乙 (새을)부 2③획	

孝之始也 효지시야 : 효도(孝道)의 시작(始作)인 것이다.

立	立
설 립	丶 亠 立 立　　　立 (설립)부 0⑤획

身	身
몸 신	丿 𠂉 自 自 身 身 身　　　身 (몸신)부 0⑦획

行	行
행할 행	丿 彳 彳 行 行 行　　　行 (다닐행)부 0⑥획

道	道
길 도	丶 亠 丷 产 首 首 首 道 道　　　辵→辶 쉬엄쉬엄갈 착(책받침)부 9⑫획

立身行道 입신행도 : 입신하여 도를 행하고,

揚	揚
날릴 양	一 亅 扌 扫 押 押 抨 揚 揚 揚　　　手→扌 손 수(재방변)부 9⑫획

名	名
이름 명	丿 ク 夕 夕 名 名　　　口 (입구)부 3⑥획

後	後
뒤 후	丿 彳 彳 彳 徉 徉 後 後　　　彳 자축거릴 척(중인변·두인변)부 6⑨획

世	世
인간 세	一 十 卅 丗 世　　　一 (한일)부 4⑤획

揚名後世 양명후세 : 이름을 후세에 날리어,

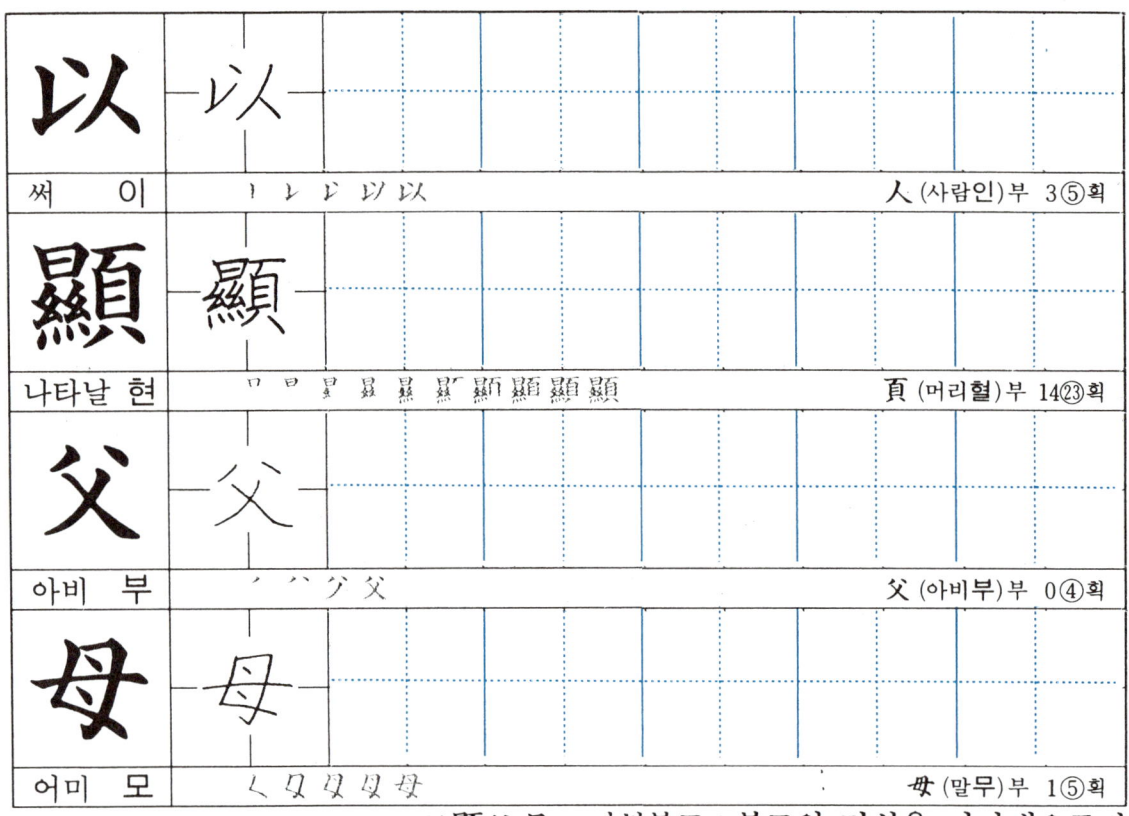

以顯父母 이현부모 : 부모의 명성을 나타냄으로써,

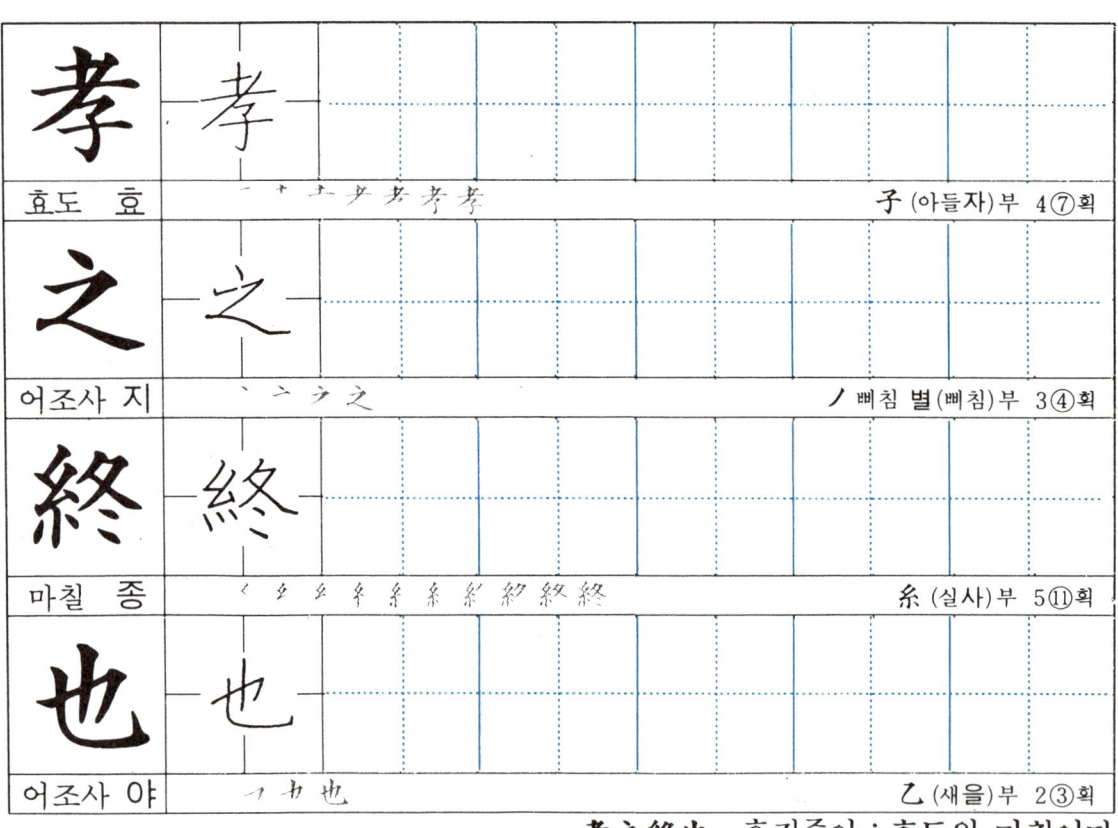

孝之終也 효지종야 : 효도의 마침이다.

言	言						
말씀 언	、二 亍 亍 言 言 言					言 (말씀언)부 0⑦획	
必	必						
반드시 필	、ソ 必 必 必					心 (마음심)부 1⑤획	
忠	忠						
충성 충	、口口中忠忠忠忠					心 (마음심)부 4⑧획	
信	信						
믿을 신	ノ亻亻亻产信信信信					人→亻 사람 인(사람인변)부 7⑨획	

言必忠信 언필충신 : 말은 반드시 충직하고 믿음성 있게 하고,

行	行						
행할 행	ノ ク 彳 彳 行 行					行 (다닐행)부 0⑥획	
必	必						
반드시 필	、ソ 必 必 必					心 (마음심)부 1⑤획	
篤	篤						
도타울 독	ノ ト ト ケ 竹 竺 笁 笁 篤 篤 篤					竹 (대죽)부 10⑯획	
敬	敬						
공경 경	、艹 艹 芍 苟 苟 敬 敬 敬					攴→攵 두드릴 복(등글월문)부 9⑬획	

行必篤敬 행필독경 : 행동은 반드시 도타웁고 공손하게 하라.

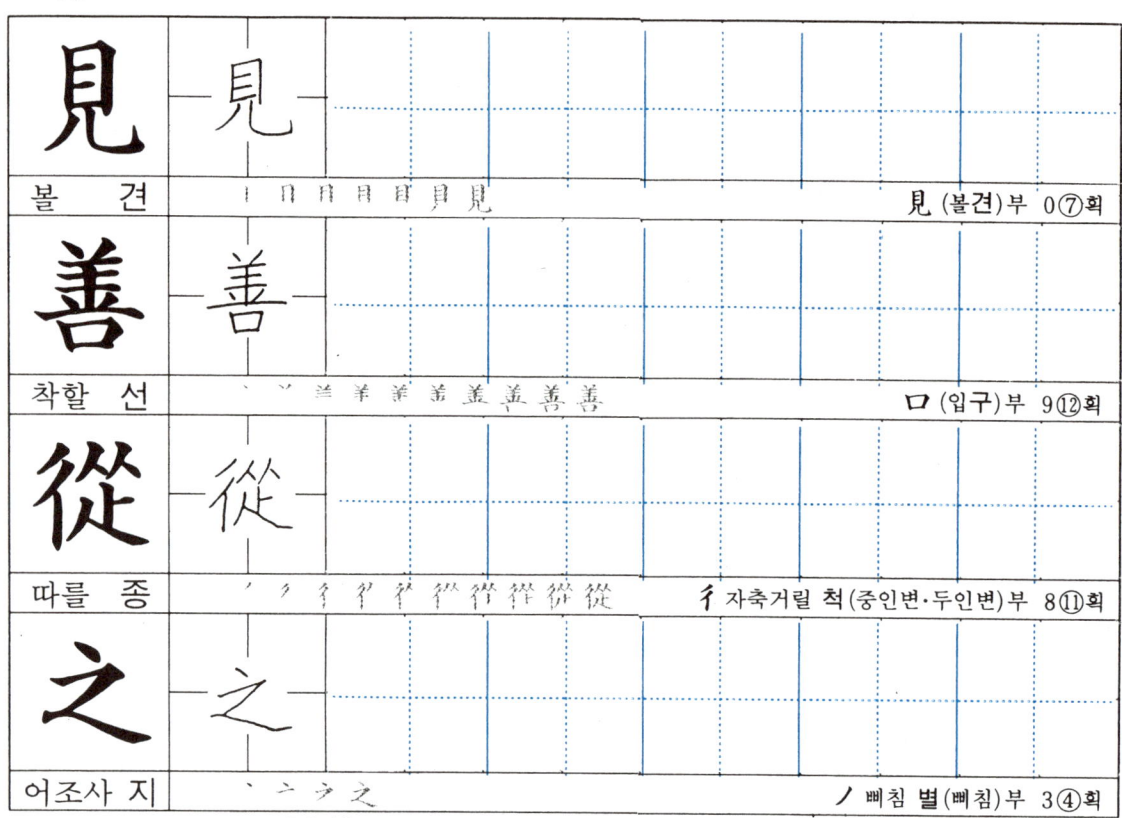

見善從之 견선종지 : 선(善)을 보거든 그것을 따르고.

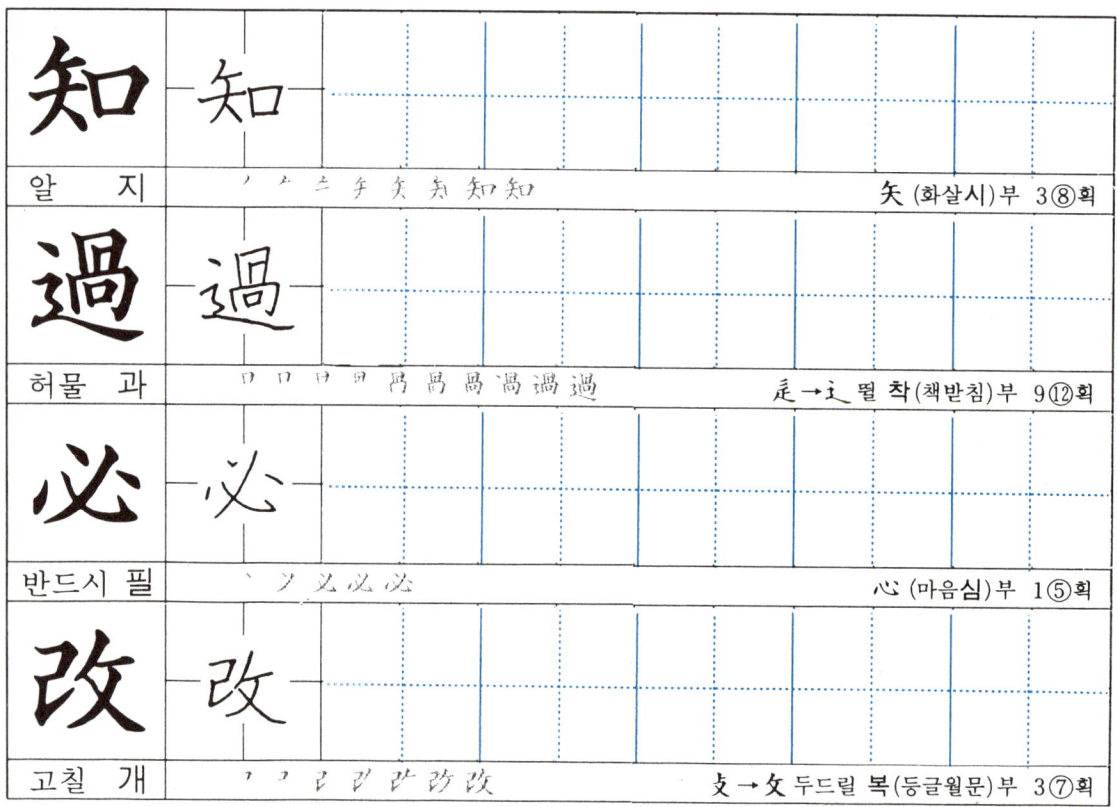

知過必改 지과필개 : 과실(過失)을 알면 반드시 고쳐야 한다.

容	容					
얼굴 용	丶亠宀宀灾灾突突容容				⼧ 집 면(갓머리)부 7⑩획	
貌	貌					
모양 모	丶𠂉⺈豸豸豹豹貌貌				豸 발없는벌레 치(갖은돼지시변)부 7⑭획	
端	端					
단정할 단	丶亠立立゛端端端端				立 (설립)부 9⑭획	
莊	莊					
씩씩할 장	一艹艹艹䒑莊莊莊				艸→艹 풀 초(초두)부 7⑪획	

容貌端正 용모단정 : 용모(容貌)는 단정(端正)하고,

衣	衣					
옷 의	丶一ナ𠂇衣衣				衣 (옷의)부 0⑥획	
冠	冠					
갓 관	丶冖冖冝冠冠冠冠				冖 덮을 멱(민갓머리)부 7⑨획	
肅	肅					
엄숙할 숙	一亅亖肀肀肀肃肅肅				聿 (오직율)부 7⑬획	
整	整					
가지런할 정	一申束敕敕敕整整整				攴→攵 두드릴 복(갖은등글월문)부 12⑯획	

衣冠整齊 의관정제 : 의관(衣冠)은 바르고 가지런하게 하라.

作							
만들 작	ノ亻亻亻作作作				人→亻 사람 인(사람인변)부 5⑦획		
事							
일 사	一丁亓亓亓写写事				亅(갈구리궐)부 7⑧획		
謀							
꾀할 모	言言言計詳詳謀謀謀				言(말씀언)부 9⑯획		
始							
처음 시	く女女女始始始始				女(계집녀)부 5⑧획		

作事謀始　작사모시 : 일을 할 때에는 처음을 꾀하고(치밀한 계획).

出							
날 출	一屮中出出				凵 입벌릴 감(위튼입구몸)부 3⑤획		
言							
말씀 언	一二宁亖言言言				言(말씀언)부 0⑦획		
顧							
돌아볼 고	戶戶戶戶雇雇顧顧顧				頁(머리혈)부 12㉑획		
行							
행할 행	ノノイイ行行				行(다닐행)부 0⑥획		

出言顧行　출언고행 : 말을 할 때에는 행(行)할 것을 생각하라.

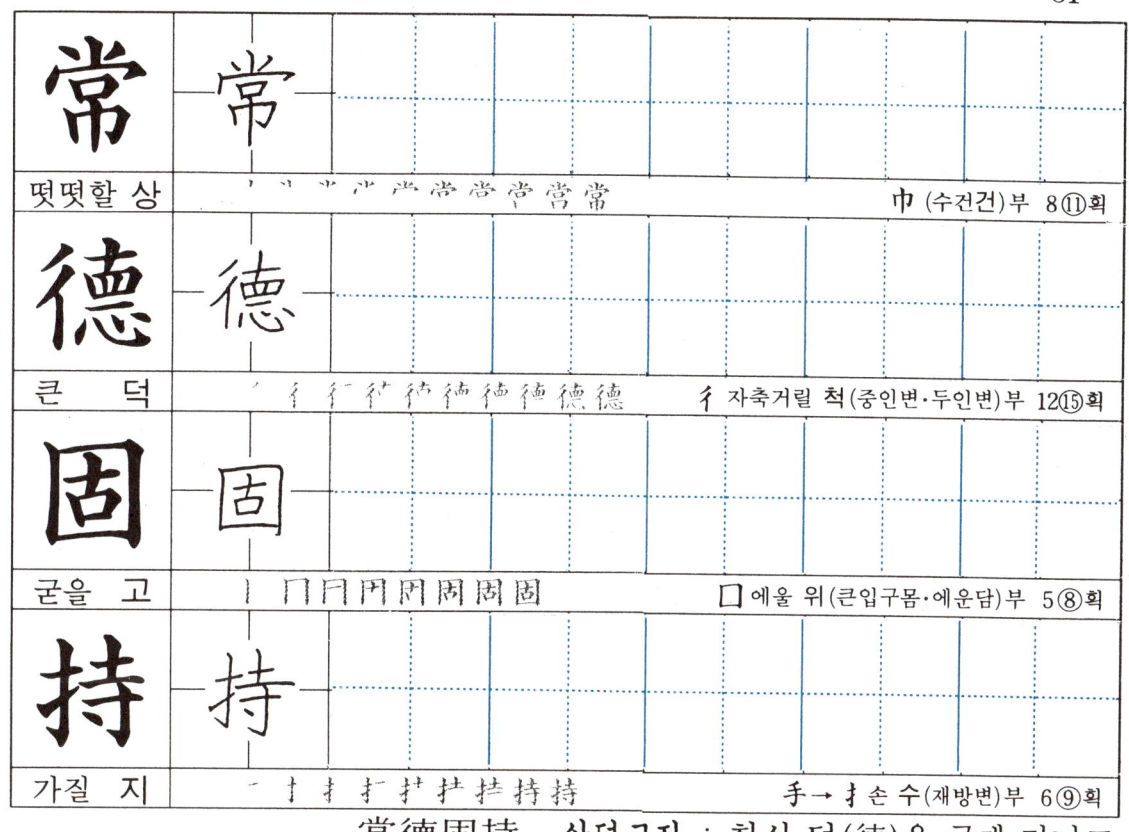

常德固持 상덕고지 : 항상 덕(德)을 굳게 지니고.

然諾重應 연낙중응 : 승낙(承諾)을 할 때에는 신중(愼重)히 하며.

飲食愼節 음식신절 : 음식(飲食)을 먹을 때에는 절제(節制)하고,

言語恭遜 언어공손 : 말씨는 공손(恭遜)히 하라.

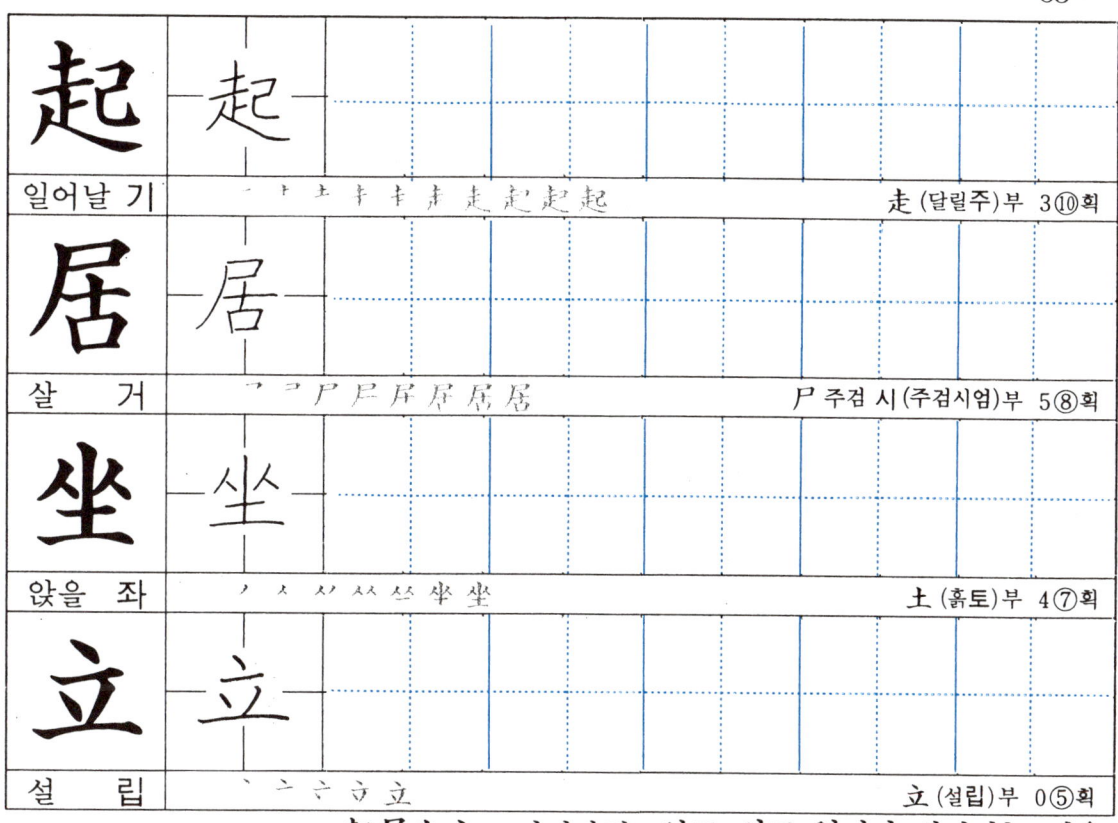

起居坐立 기거좌립 : 앉고, 서고, 일어나 살아가는 것은,

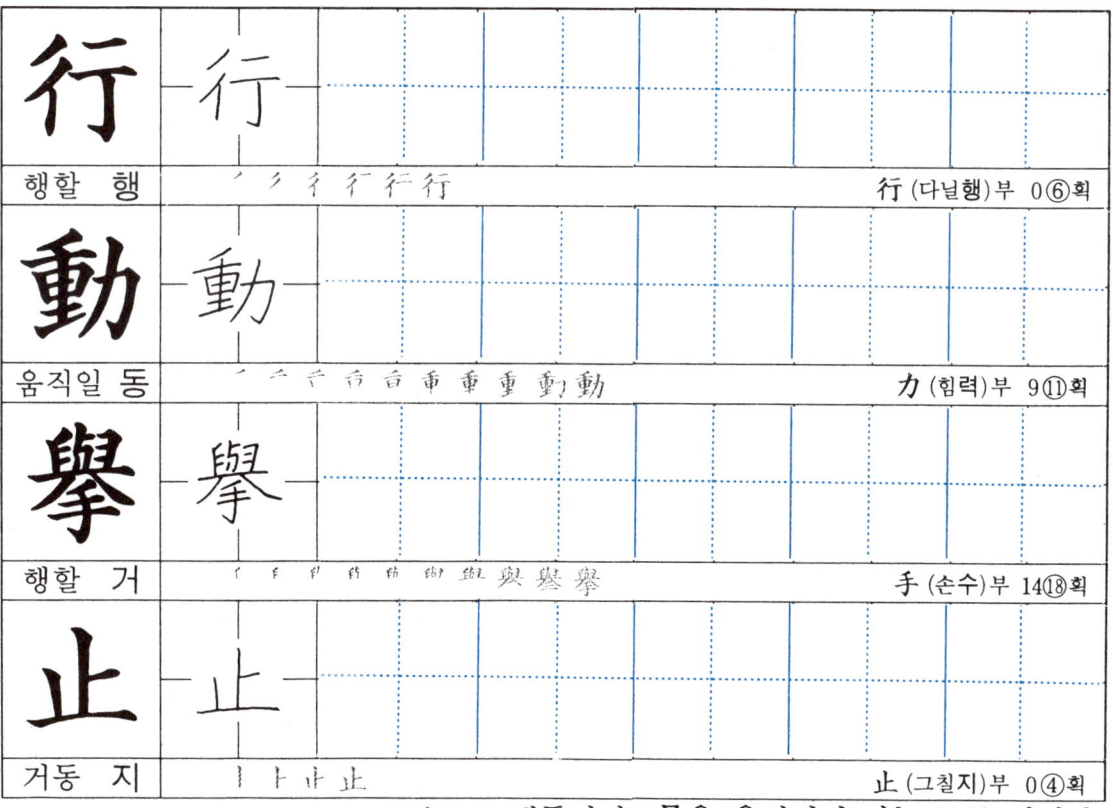

行動擧止 행동거지 : 몸을 움직여서 하는 모든 짓이다.

禮	禮					
예도 례	二 亍 亓 亓 祁 祠 祠 禮 禮 禮 禮				示(보일시)부 13⑱획	

義	義					
옳을 의	' ' ソ 义 羊 羊 莠 義 義 義				羊→羊(양양)부 7⑬획	

廉	廉					
청렴 염	' 亠 广 广 产 庐 序 庠 廉 廉				广집 엄(엄호밑)부 10⑬획	

恥	恥					
부끄러울 치	一 T F F F 耳 耳 耻 耻 恥				心(마음심)부 6⑩획	

禮義廉恥 예의염치 : 예절과 옳고 청렴하고 부끄럼을 아는 것은,

是	是					
이 시	' ロ 日 日 旦 무 무 무 是				日(날일)부 5⑨획	

謂	謂					
일컬을 위	' 亠 言 言 言 訓 訶 謂 謂 謂				言(말씀언)부 9⑯획	

四	四					
넉 사	' 冂 冂 兀 四 四				囗에울 위(큰입구몸·에운담)부 2⑤획	

維	維					
벼리 유	' 纟 纟 糸 糸 糸 紂 絆 維 維				糸(실사)부 8⑭획	

是謂四維 : 시위사유 : 이를 일컬어 四維, 곧 나를 유지하는데 필요한 네가지 근본(벼리 : 그물의 위쪽 손잡이 줄, 일이나 글의 가장 중심)이다.

德	德						
큰 덕	´ 彳 彳 彳 袖 袖 袖 德 德 德					彳 자축거릴 척(중인변·두인변)부 12⑮획	

業	業						
업 업	丨 卝 丱 业 뽀 뽈 뿦 業					木 (나무목)부 9⑬획	

相	相						
서로 상	一 十 才 木 木 机 相 相 相					目 (눈목)부 4⑨획	

勸	勸						
권할 권	` ` ` 艹 苗 萨 萨 萨 雚 雚 勸					力 (힘력)부 18⑳획	

德業相勸　덕업상권 : 덕행(德行)은 서로 권(勸)하고,

過	過						
허물 과	` 冂 冃 日 吕 咼 咼 咼 過 過 過					辵→辶 쉬엄쉬엄갈 착(책받침)부 9⑫획	

失	失						
잃을 실	´ 仁 生 失 失					大 (큰대)부 2⑤획	

相	相						
서로 상	一 十 才 木 木 机 相 相 相					目 (눈목)부 4⑨획	

規	規						
법 규	一 二 ナ 夫 夫 規 規 規 規 規 規					見 (볼견)부 4⑪획	

過失相規　과실상규 : 과실(過失)은 서로 타이르며,

禮	禮						
예도 례	一 亍 示 示' 示豊 示豊 示豊 示豊 示豊 禮 禮					示(보일시)부 13⑱획	

俗	俗						
풍속 속	ノ 亻 亻 亻 俗 俗 俗 俗 俗					人→亻사람 인(사람인변)부 7⑨획	

相	相						
서로 상	一 十 才 木 村 相 相 相 相					目(눈목)부 4⑨획	

交	交						
사귈 교	丶 亠 六 亣 交					亠(돼지해머리)부 4⑥획	

禮俗相交   예속상교 : 예(禮)스러운 풍속(風俗)으로 서로 사귀고.

患	患						
근심 환	丶 口 口 吕 吕 串 串 患 患					心(마음심)부 7⑪획	

難	難						
어려울 난	丶 艹 苩 草 堇 菓 勤 艱 鞋 難					隹(새추)부 10⑱획	

相	相						
서로 상	一 十 才 木 村 相 相 相 相					目(눈목)부 4⑨획	

恤	恤						
구제할 휼	丶 忄 忄 忄 恤 恤 恤 恤					心→忄마음 심(심방변)부 6⑨획	

患難相恤   환난상휼 : 환난(患難)을 당할 때에는 서로 도와야 한다.

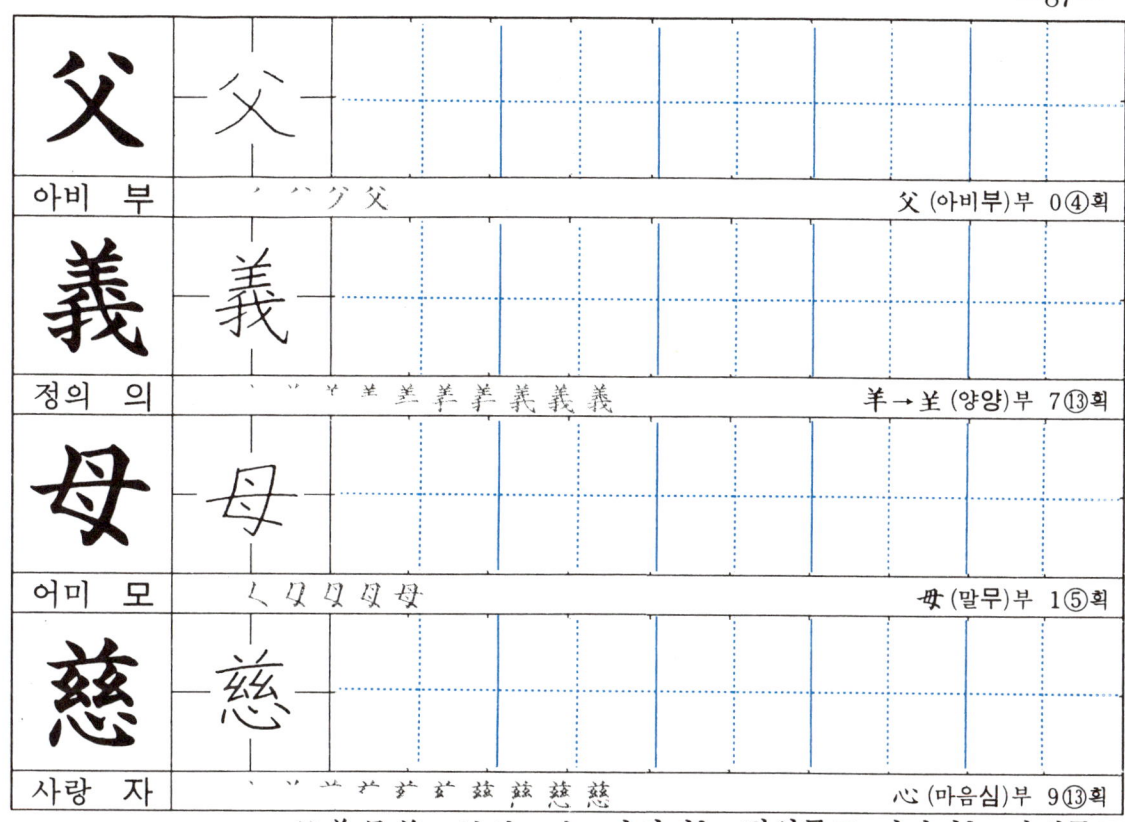

父義母慈 부의모자 : 아버지는 정의롭고 어머니는 자애롭고,

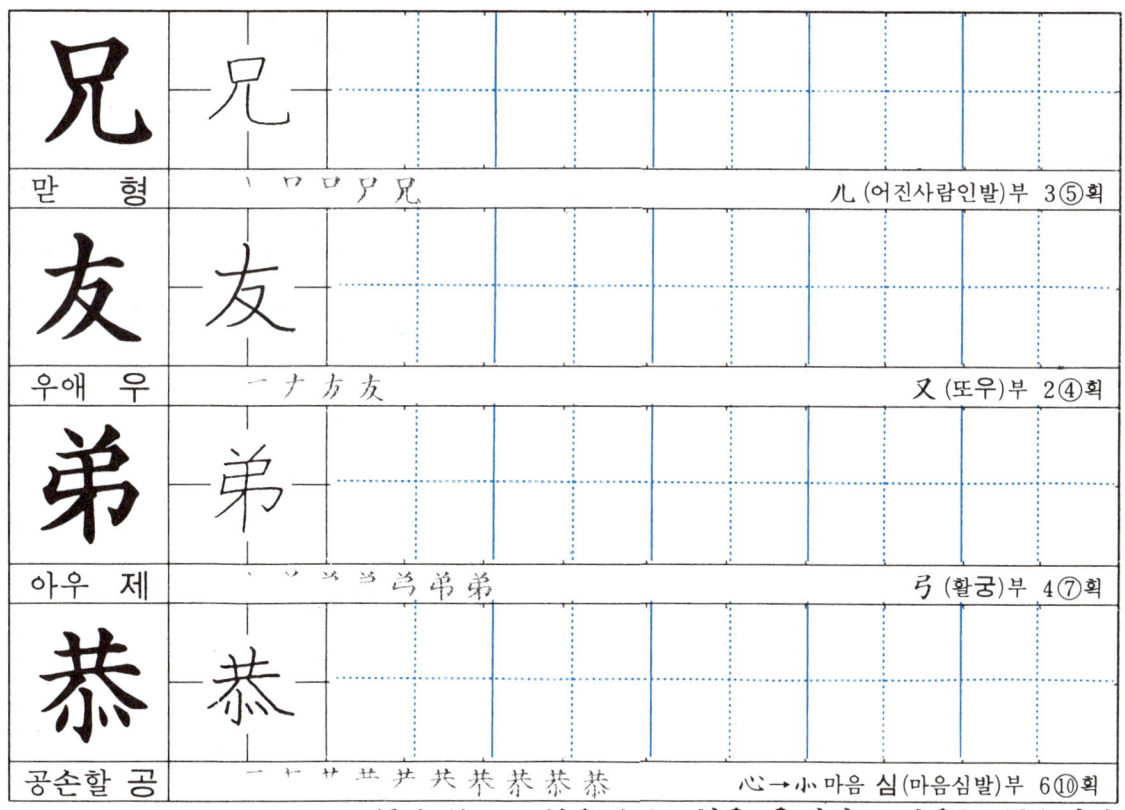

兄友弟恭 형우제공 : 형은 우애있고 아우는 공손하라.

夫	夫							
남편 부	一 二 キ 夫						大 (큰대)부	1④획
婦	婦							
아내 부	く 夕 女 女' 女ㄱ 女ᄏ 婦 婦 婦 婦						女 (계집녀)부	8⑪획
有	有							
있을 유	ノ ナ オ 有 有 有						月 (달월)부	2⑥획
恩	恩							
은혜 은							心 (마음심)부	6⑩획

夫婦有恩 부부유은 : 남편과 아내는 은혜로움이 있어야 하고,

男	男							
사내 남	丶 口 日 田 田 男 男						田 (밭전)부	2⑦획
女	女							
계집 녀	く 女 女						女 (계집녀)부	0③획
有	有							
있을 유	ノ ナ オ 有 有 有						月 (달월)부	2⑥획
別	別							
다를 별	丶 口 口 므 另 別 別						刀→刂 칼 도(선칼도)부	5⑦획

男女有別 남녀유별 : 남자와 여자는 다름이 있어야 한다.

貧	貧
가난할 빈	′ 八 分 分 外 伶 貧 貧 貧 貧　　　貝(조개패)부 4⑪획

窮	窮
궁할 궁	′ 宀 宂 宂 宆 穹 穹 窈 窮 窮　　穴(구멍혈)부 10⑮획

患	患
근심 환	′ 口 ㅁ ㅁ 吕 吕 串 串 患 患 患　　心(마음심)부 7⑪획

難	難
어려울 난	′ 艹 苎 莒 莫 歎 歎 難 難　　隹(새추)부 10⑬획

貧窮患難 빈궁환난 : 가난하고 궁하고 근심스럽고 어려울 때는,

親	親
친할 친	′ ㅗ 초 효 후 후 亲 親 親 親　　見(볼견)부 9⑯획

戚	戚
친척 척	′ 厂 厂 厂 戸 戶 戚 戚 戚 戚　　戈(창과)부 7⑪획

相	相
서로 상	一 十 ナ 木 木 相 相 相 相　　目(눈목)부 4⑨획

救	救
도울 구	一 十 亅 寸 求 求 求 救 救 救　　攴→攵 두드릴 복(등글월문)부 7⑪획

親戚相救 친척상구 : 친척간에 서로 도울 뿐이다.

婚	婚					
혼인 혼	ㄑㄥㄥ女女'女'妖妖娇娇娇婚婚				女 (계집녀)부 8⑪획	
姻	姻					
혼인 인	ㄑㄥㄥ女女'妒妒妒姻姻				女 (계집녀)부 6⑨획	
死	死					
죽을 사	一ㄏㄅ歹死死				歹 살발른뼈 알(죽을사변)부 2⑥획	
喪	喪					
초상 상	一十十古古由由喪喪喪				口 (입구)부 9⑫획	

婚姻死喪　혼인사상 : 혼인(婚姻)이나 초상이 있을 때에는,

隣	隣					
이웃 린	ʼ ㄅ ㄅ' 阝' 阼 阼 陜 陜 陸 陸 隣				阜→阝 언덕 부(좌부변)부 12⑮획	
保	保					
보호할 보	ノイイ'イ'ワ'ワ'ワ'ワ'保保				人→亻 사람 인(사람인변)부 7⑨획	
相	相					
서로 상	一十木木木'相相相相				目 (눈목)부 4⑨획	
助	助					
도울 조	丨Ⅱ 月					

隣保相助　인보상조 : 이웃끼리 서로 도와야 한다.

在	在							
있을 재	一ナオキ在在					土(흙토)부 3⑥획		
家	家							
집 가	丶丶宀宁宁穷宛家家家					宀집면(갓머리)부 7⑩획		
從	從							
따를 종	丿彳彳彳彳从彷從從從					彳자축거릴 척(두인변·중인변)부 8⑪획		
父	父							
아비 부	丶丶ハ父					父(아비부)부 0④획		

在家從父 재가종부 : 집에 있을 때는 아버지를 따르고,

適	適							
맞을 적	丶亠产产产商商商商適適					辵→辶 쉬엄쉬엄갈 착(책받침)부 11⑭획		
人	人							
사람 인	丿人					人(사람인)부 0②획		
從	從							
따를 종	丿彳彳彳彳从彷從從從					彳자축거릴 척(두인변·중인변)부 8⑪획		
夫	夫							
남편 부	一二夫夫					大(큰대)부 1④획		

適人從夫 적인종부 : 좋은 사람을 맞아 시집가서는 남편을 따르며,

夫	夫							
남편 부	一 二 尹 夫					大 (큰대)부 1④획		
死	死							
죽을 사	一 ァ ク タ 死 死					歹 살발른뼈 알(죽을사변)부 2⑥획		
從	從							
따를 종	' ㅅ 彳 𠆢 𠆢 𠆢 𠆢 𠆢 從					彳 자축거릴 척(두인변·중인변)부 8⑪획		
子	子							
아들 자	一 了 子					子 (아들자)부 0③획		

夫死從子 부사종자 : 남편이 죽은 뒤는 자식을 따라야 되니,

是	是							
이 시	丨 冂 日 日 丨 下 무 昰 是					日 (날일)부 5⑨획		
謂	謂							
일컬을위	丶 二 言 訁 訐 訮 謂 謂 謂					言 (말씀언)부 9⑯획		
三	三							
석 삼	一 二 三					一 (한일)부 2③획		
從	從							
따를 종	' ㅅ 彳 𠆢 𠆢 𠆢 𠆢 𠆢 從					彳 자축거릴 척(두인변·중인변)부 8⑪획		

是謂三從 시위삼종 : 이를 일컬어 삼종지도(지난날 여자가 지켜야했던 도리) 라 한다.

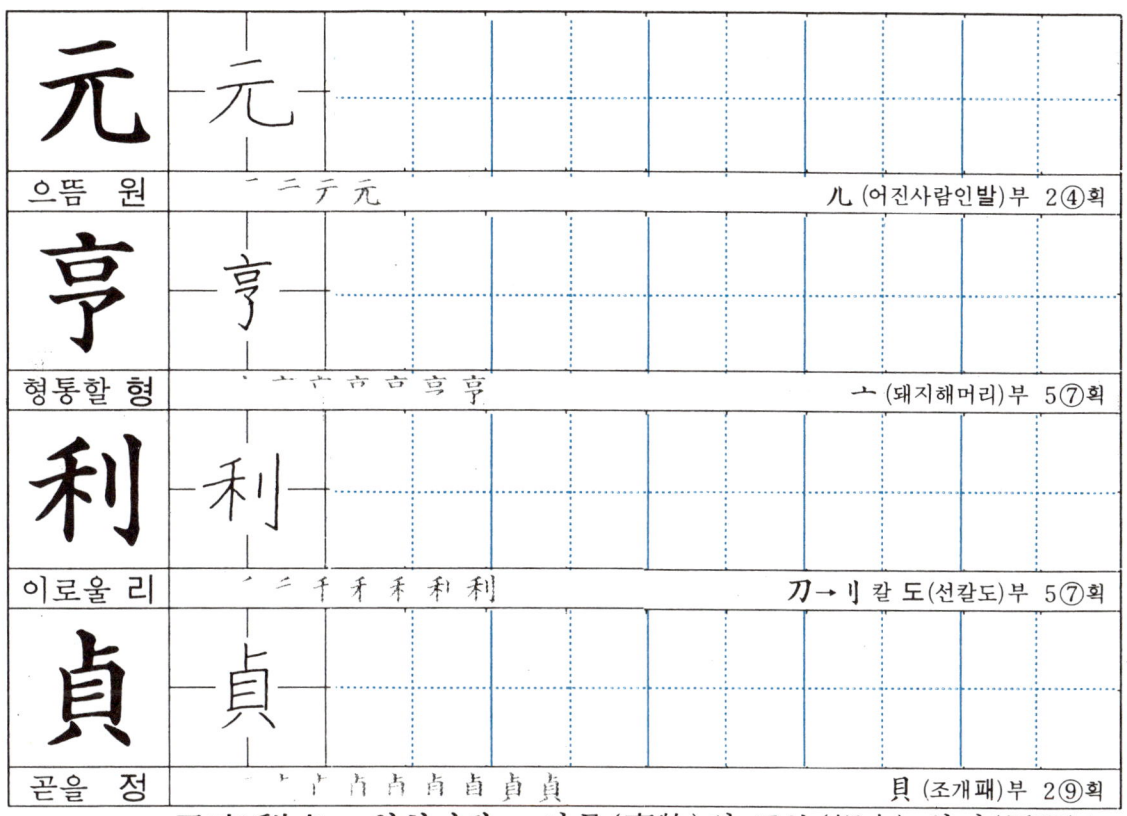

元亨利貞 원형이정 : 사물(事物)의 근본(根本) 원리(原理)는,

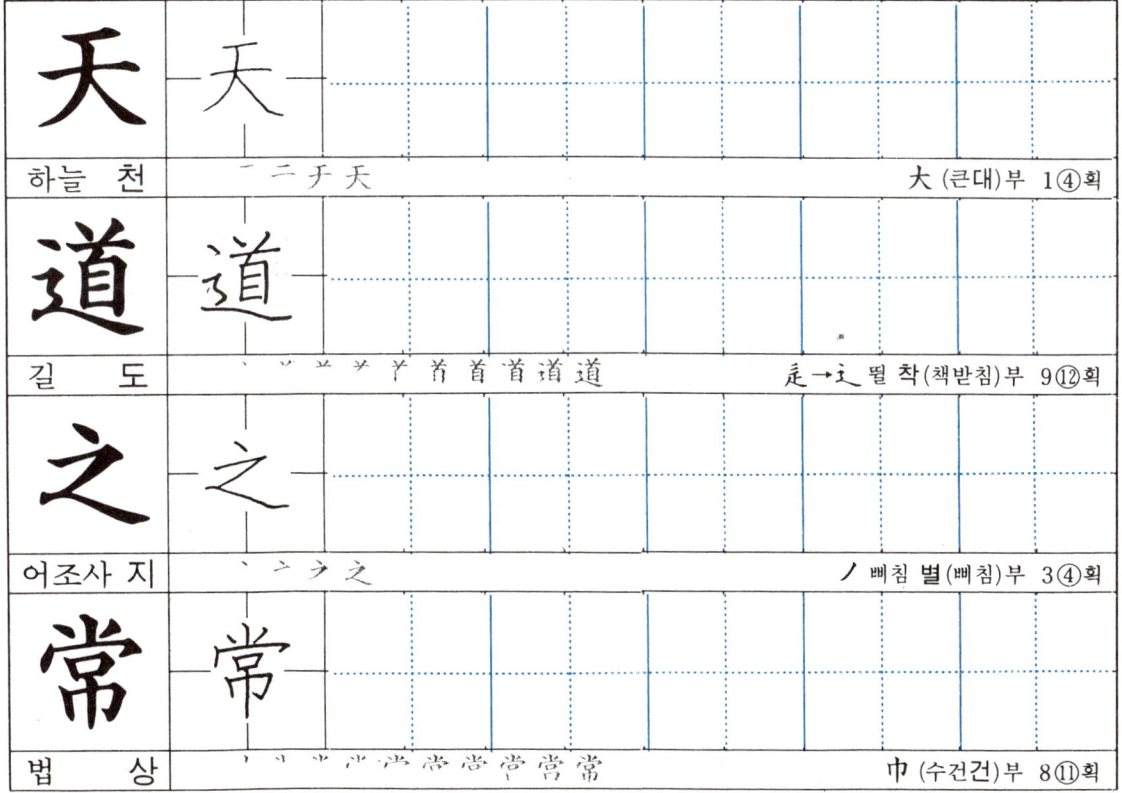

天道之常 천도지상 : 천지 자연(天地自然)의 상리(常理:떳떳한 도리)요,

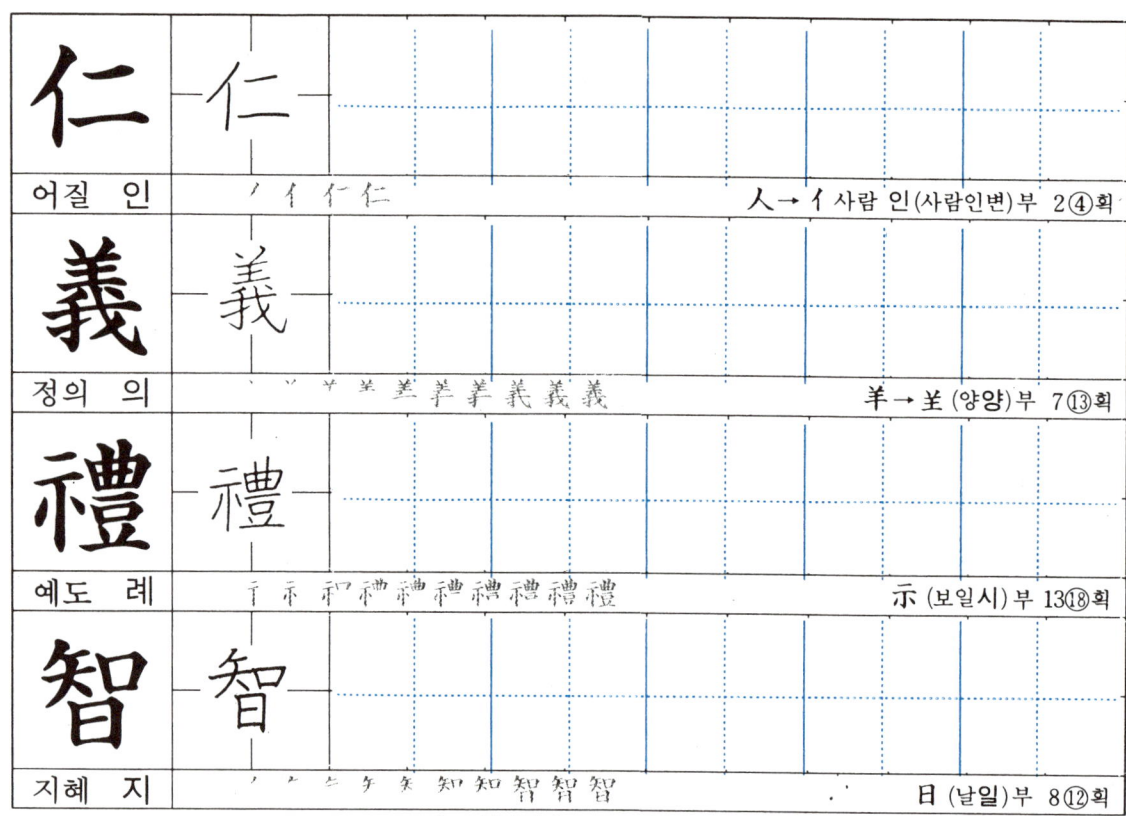

仁義禮智　인의예지 : 인의예지(仁義禮智)는,

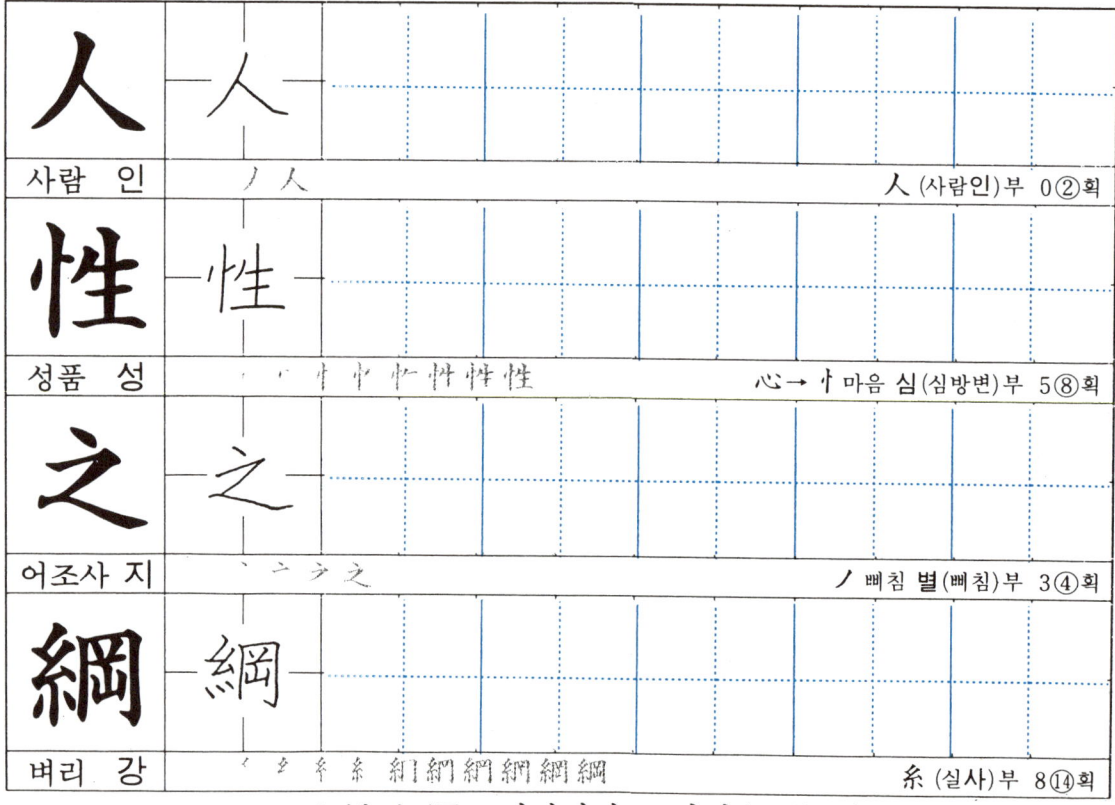

人性之綱　인성지강 : 인성(人性)의 근본(根本)이다.

非	非				
아닐 비	ノ ナ 扌 非 非 非 非			非 (아닐비)부 0⑧획	
禮	禮				
예도 례	亠 示 禮 禮 禮 禮 禮 禮			示 (보일시)부 13⑱획	
勿	勿				
말 물	ノ 勹 勿 勿			勹 쌀 포(쌀포몸)부 2④획	
視	視				
볼 시	一 丁 亓 示 ネ 視 視 視 視			見 (볼견)부 4⑪획	

非禮勿視 비례물시 : 예(禮)가 아니거든 보지 말고,

非	非				
아닐 비	ノ ナ 扌 非 非 非 非			非 (아닐비)부 0⑧획	
禮	禮				
예도 례	亠 示 禮 禮 禮 禮 禮 禮			示 (보일시)부 13⑱획	
勿	勿				
말 물	ノ 勹 勿 勿			勹 쌀 포(쌀포몸)부 2④획	
聽	聽				
들을 청	厂 耳 耳 聑 聽 聽 聽 聽			耳 (귀이)부 16㉒획	

非禮勿聽 비례물청 : 예(禮)가 아니거든 듣지 말며,

非	非
아닐 비	ㅣ ㅐ ㅐ ㅕ 非 非 非 非　　　　　　　非 (아닐비)부 0⑧획

禮	禮
예도 례	亠 亍 礻 禮 禮 禮 禮 禮 禮　　　　　　示 (보일시)부 13⑱획

勿	勿
말 물	ノ ㄅ 勹 勿　　　　　　　　　　　　　　　勹쌀 포(쌀포몸)부 2④획

言	言
말씀 언	丶 一 亠 言 言 言 言　　　　　　　　　　言 (말씀언)부 0⑦획

非禮勿言　비례물언 : 예(禮)가 아니거든 말하지 말고,

非	非
아닐 비	ㅣ ㅐ ㅐ ㅕ 非 非 非 非　　　　　　　非 (아닐비)부 0⑧획

禮	禮
예도 례	亠 亍 礻 禮 禮 禮 禮 禮 禮　　　　　　示 (보일시)부 13⑱획

勿	勿
말 물	ノ ㄅ 勹 勿　　　　　　　　　　　　　　　勹쌀 포(쌀포몸)부 2④획

動	動
움직일 동	一 亠 亍 言 言 重 重 重 動 動　　　　力 (힘력)부 9⑪획

非禮勿動　비례물동 : 예(禮)가 아니거든 움직이지 말라.

孔	孔							
성 공	ㄱ 了 子 孔						子(아들자)부 1④획	

孟	孟							
성 맹	ㄱ 了 孑 孑 孟 孟 孟 孟						子(아들자)부 5⑧획	

之	之							
어조사 지	ㆍ 一 亠 之						ノ삐침 별(삐침)부 3④획	

道	道							
길 도	ㆍ ㆍ ㅛ ㅛ 产 首 首 首 道 道						辵→辶뜀 착(책받침)부 9⑫획	

孔孟之道 공맹지도 : 공자와 맹자의 도와,

程	程							
성 정	ㆍ 二 干 禾 禾 秆 秆 秆 秤 程 程						禾(벼화)부 7⑫획	

朱	朱							
붉을 주	ノ ㅗ 느 牛 朱 朱						木(나무목)부 2⑥획	

之	之							
어조사 지	ㆍ 一 亠 之						ノ삐침 별(삐침)부 3④획	

學	學							
배울 학	ㆍ ㆍ ㆍ 爫 爫 咠 闩 盥 與 與 學 學						子(아들자)부 13⑯획	

程朱之學 정주지학 : 정자와 주자의 학문은,

正	正						
바를 정	一 T F 正 正					止(그칠지)부 1⑤획	
其	其						
그 기	一 十 卄 廿 甘 其 其 其					八(여덟팔)부 6⑧획	
誼	誼						
옳을 의	二 亠 言 言 言 訁 訐 誼 誼 誼					言(말씀언)부 8⑮획	
而	而						
뿐 이	一 丆 广 而 而 而					而(말이을이)부 0⑥획	

正其誼而 정기의이 : 그 옳음을 바르게 할 뿐,

不	不						
아니 불	一 丆 才 不					一(한일)부 3④획	
謀	謀						
꾀할 모	二 言 言 言 訁 訐 詳 謀 謀 謀					言(말씀언)부 9⑯획	
其	其						
그 기	一 十 卄 廿 甘 其 其 其					八(여덟팔)부 6⑧획	
利	利						
이로울 이	一 二 千 禾 禾 利 利					刀→刂칼도(선칼도)부 5⑦획	

不謀其利 불모기이 : 그 이로움을 꾀하지 아니하며,

明	明
밝을 명	ㅣ ㅁ ㅁ ㅁ 日 田 明 明 明　　　　日 (날일)부 4⑧획

其	其
그 기	一 十 艹 艹 甘 甘 其 其　　　　八 (여덟팔)부 6⑧획

道	道
길 도	丶 丷 䒑 䒑 首 首 首 道 道　　辶→辶 쉴 착(책받침)부 9⑫획

而	而
뿐 이	一 丆 了 了 而 而　　　　而 (말이을이)부 0⑥획

明其道而 명기도이 : 그 도를 밝게 할 뿐,

不	不
아니 불	一 丆 才 不　　　　一 (한일)부 3④획

計	計
계산 계	丶 一 亠 言 言 言 言 計　　　　言 (말씀언)부 2⑨획

其	其
그 기	一 十 艹 艹 甘 甘 其 其　　　　八 (여덟팔)부 6⑧획

功	功
공 공	一 丁 工 功 功　　　　力 (힘력)부 3⑤획

不計其功 불계기공 : 그 공로를 계산하지 아니한다.

終	終
마칠 종	糸(실사)부 5⑪획

身	身
몸 신	身(몸신)부 0⑦획

讓	讓
사양할 양	言(말씀언)부 17㉔획

路	路
길 로	足→足발 족(발족변)부 6⑬획

終身讓路 종신양로 : 종신(한평생)토록 길을 양보 하더라도,

不	不
아니 불	一(한일)부 3④획

枉	枉
굽힐 왕	木(나무목)부 4⑧획

百	百
일백 백	白(흰백)부 1⑥획

步	步
걸을 보	止(그칠지)부 4⑧획

不枉百步 불왕백보 : 백 보를 굽히지 않을 것이요,

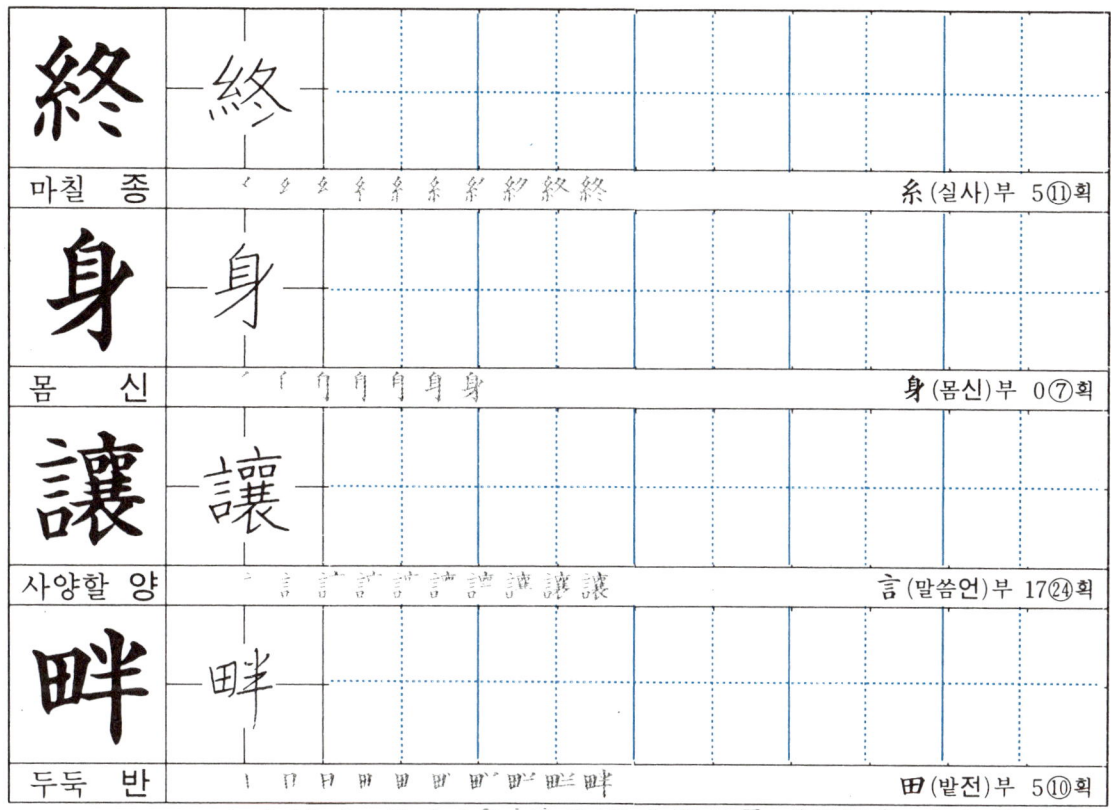

終身讓畔 종신양반: 종신(한평생) 토록 밭두둑을 양보 할지라도,

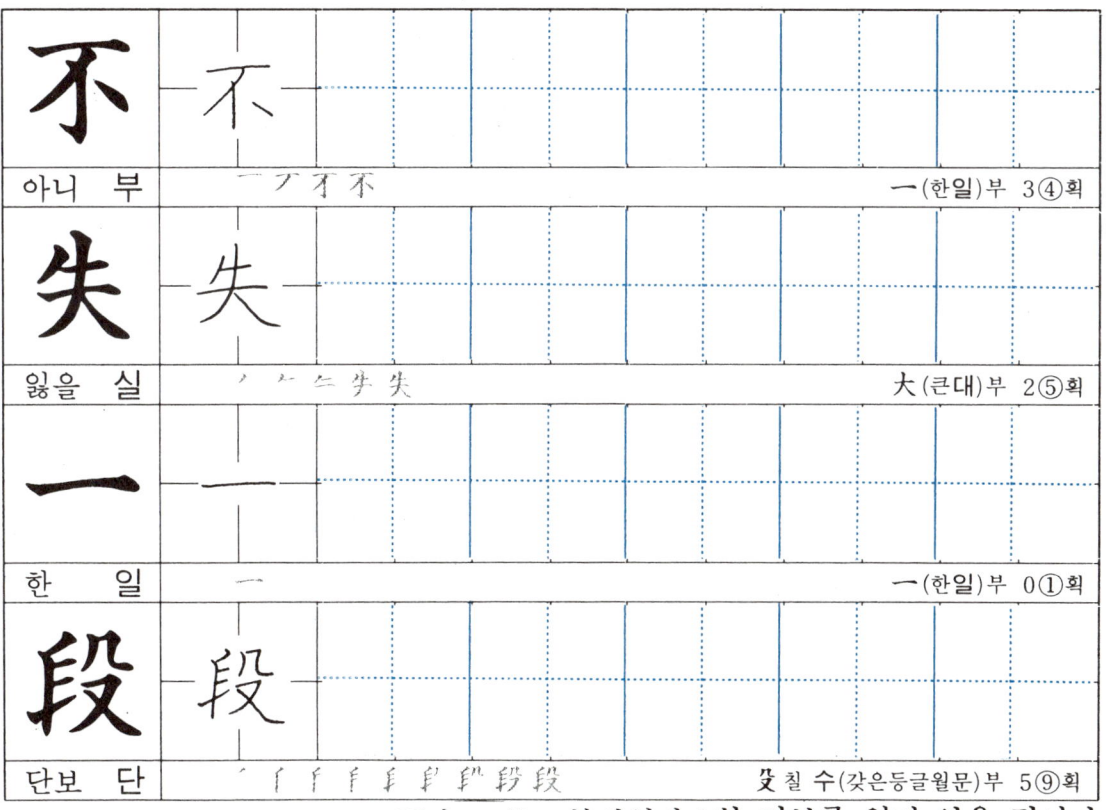

不失一段 부실일단: 한 단보를 잃지 않을 것이다.

天	天							
하늘 천	一二チ天						大 (큰대)부 1④획	
開	開							
열릴 개	丨ㄇㅌㅌ門門門門開開						門 (문문)부 4⑫획	
於	於							
어조사 어	丶一方方方於於						方 (모방)부 4⑧획	
子	子							
첫째지지 자	了了子						子 (아들자)부 0③획	

天開於子 천개어자: 하늘이 자시(오후 11시~오전 1시)에 열리고,

地	地							
땅 지	一十土圠地地						土 (흙토)부 3⑥획	
闢	闢							
열 벽	ㄇㅌ門門門閂閂閇闢闢						門 (문문)부 13㉑획	
於	於							
어조사 어	丶一方方方於於						方 (모방)부 4⑧획	
丑	丑							
둘째지지 축	그그尹丑						一 (한일)부 3④획	

地闢於丑 지벽어축: 땅이 축시(오전 1시~3시)에 열린다.

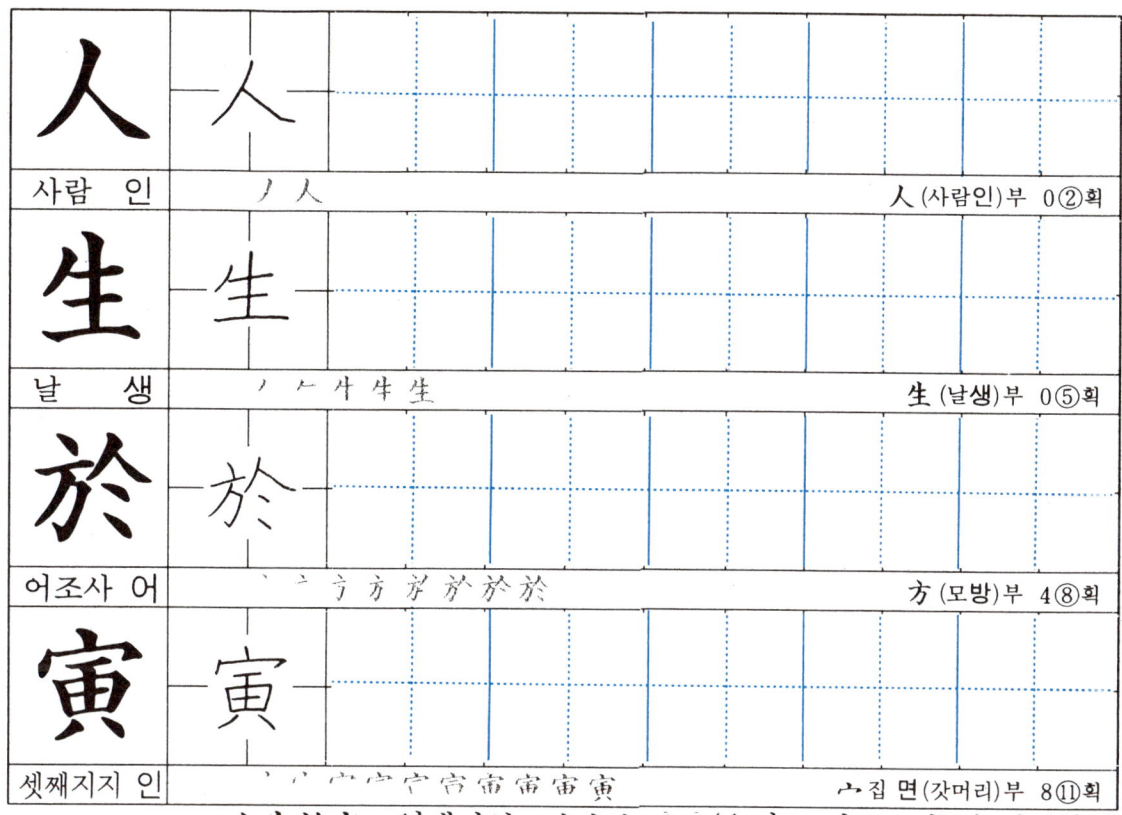

人生於寅 인생어인 : 사람이 인시(오전 3시~5시)에 태어나니,

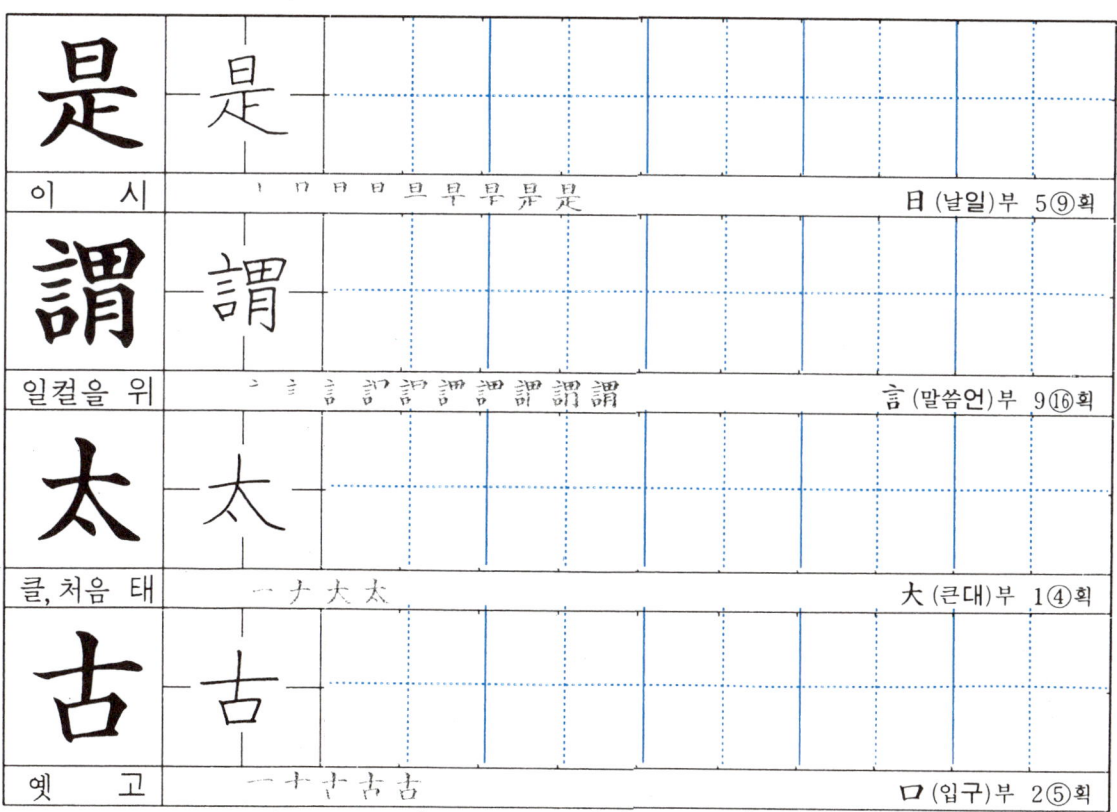

是謂太古 시위태고 : 이 때를 일컬어 태고라 한다.

君	君							
임금 군	ㄱㅋㅋ尹尹君君						口 (입구)부 4⑦획	

爲	爲							
될 위	′′′′′″″″爲爲爲爲						爪→爫 손톱 조(손톱조머리)부 8⑫획	

臣	臣							
신하 신	一下下下臣臣						臣 (신하신)부 0⑥획	

綱	綱							
벼리 강	′ ㄠ幺糸 綱綱綱綱綱綱						糸 (실사)부 8⑭획	

君爲臣綱　군위신강 : 임금은 신하(臣下)의 근본(根本)이 되고,

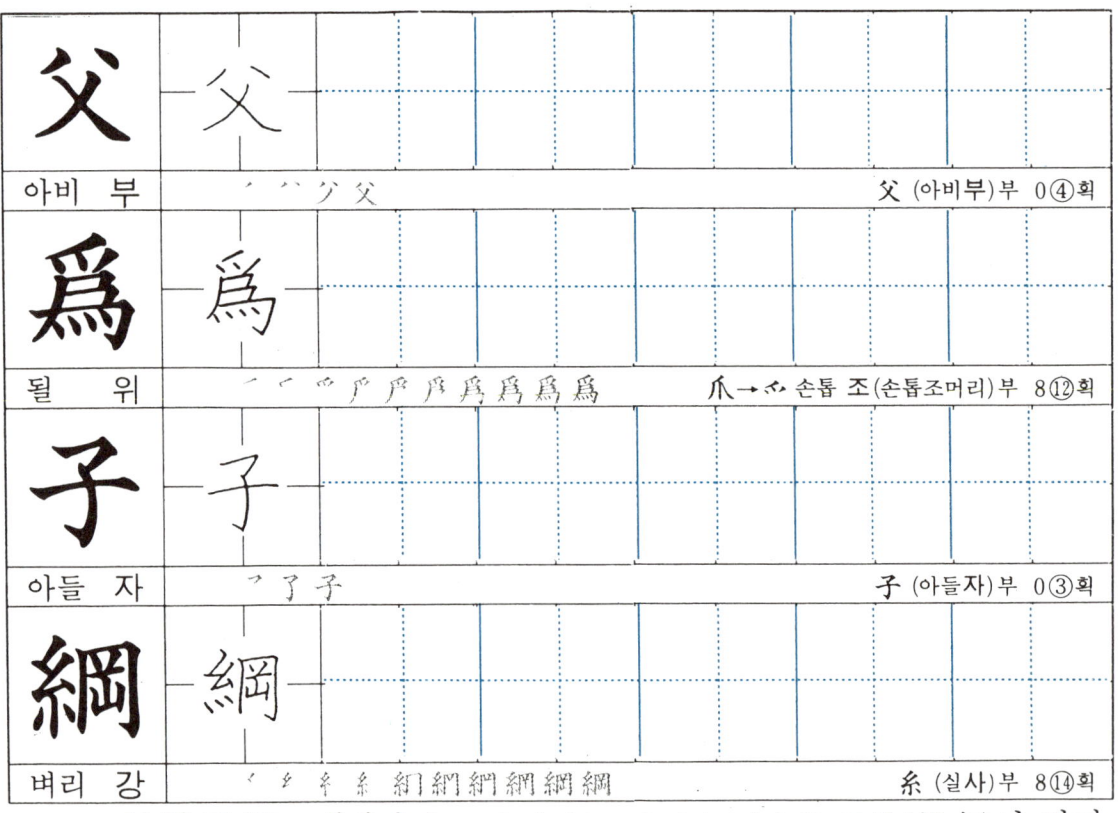

父爲子綱　부위자강 : 아버지는 자식(子息)의 근본(根本)이 되며,

夫	夫						
남편 부	一二夫夫					大 (큰대)부 1④획	

爲	爲						
될 위	爫爫爫爫爫爲爲爲爲					爪→爫 손톱 조(손톱조머리)부 8⑫획	

婦	婦						
아내 부	丨乚女女'女ㅋ妒妒婦婦					女 (계집녀)부 8⑪획	

綱	綱						
벼리 강	纟纟幺糸糸紉綱綱綱綱					糸 (실사)부 8⑭획	

夫爲婦綱 부위부강 : 남편(男便)은 아내의 근본(根本)이 되는 것이니.

是	是						
이 시	丨口日日戶早是是是					日 (날일)부 5⑨획	

謂	謂						
일컬을 위	亠言言訁訂評謂謂謂					言 (말씀언)부 9⑯획	

三	三						
석 삼	一二三					一 (한일)부 2③획	

綱	綱						
벼리 강	纟纟幺糸糸紉綱綱綱綱					糸 (실사)부 8⑭획	

是謂三綱 시위삼강 : 이것을 말하여 삼강(三綱)이라 한다.

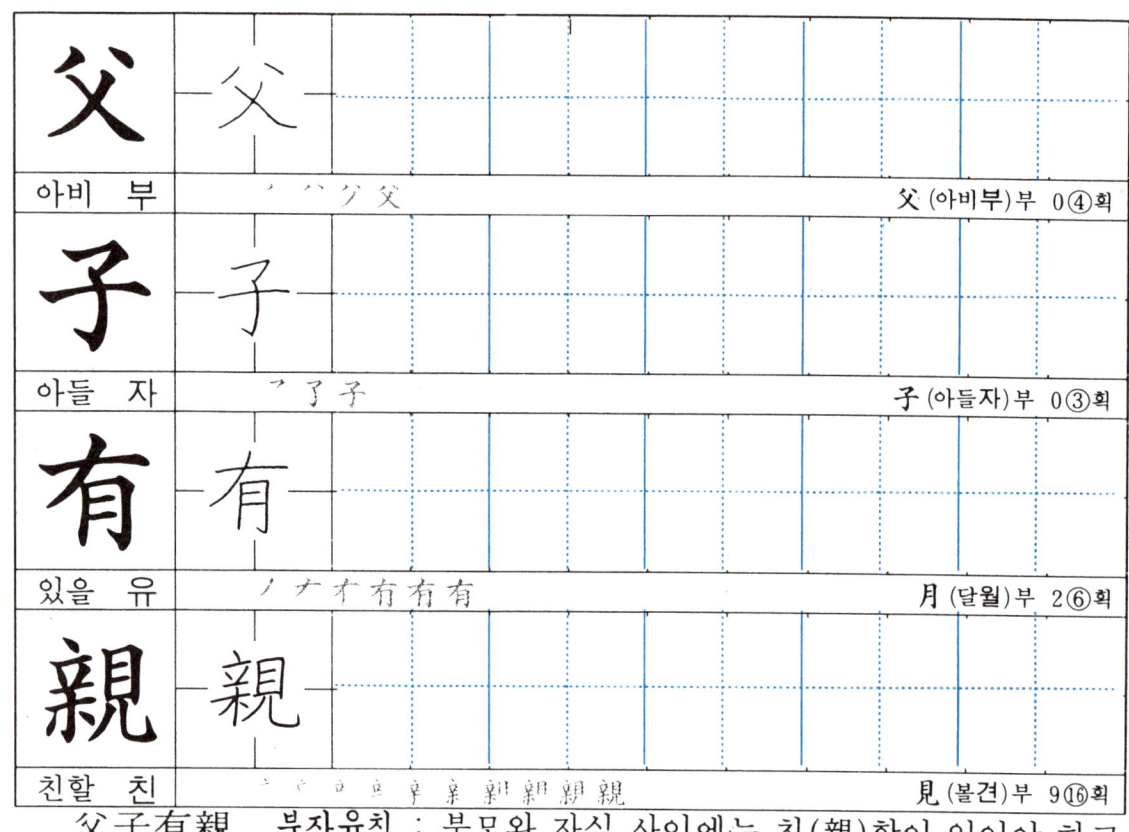

父子有親 부자유친 : 부모와 자식 사이에는 친(親)함이 있어야 하고,

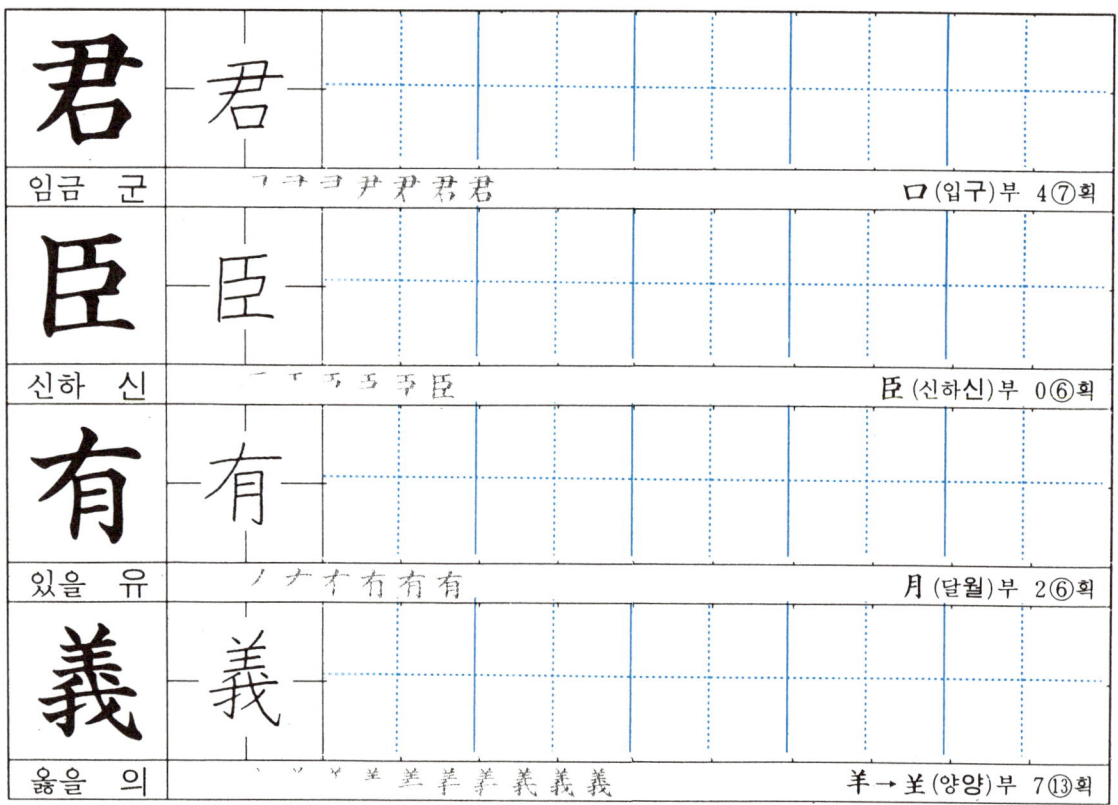

君臣有義 군신유의 : 임금과 신하 사이에는 의(義)가 있어야 하며,

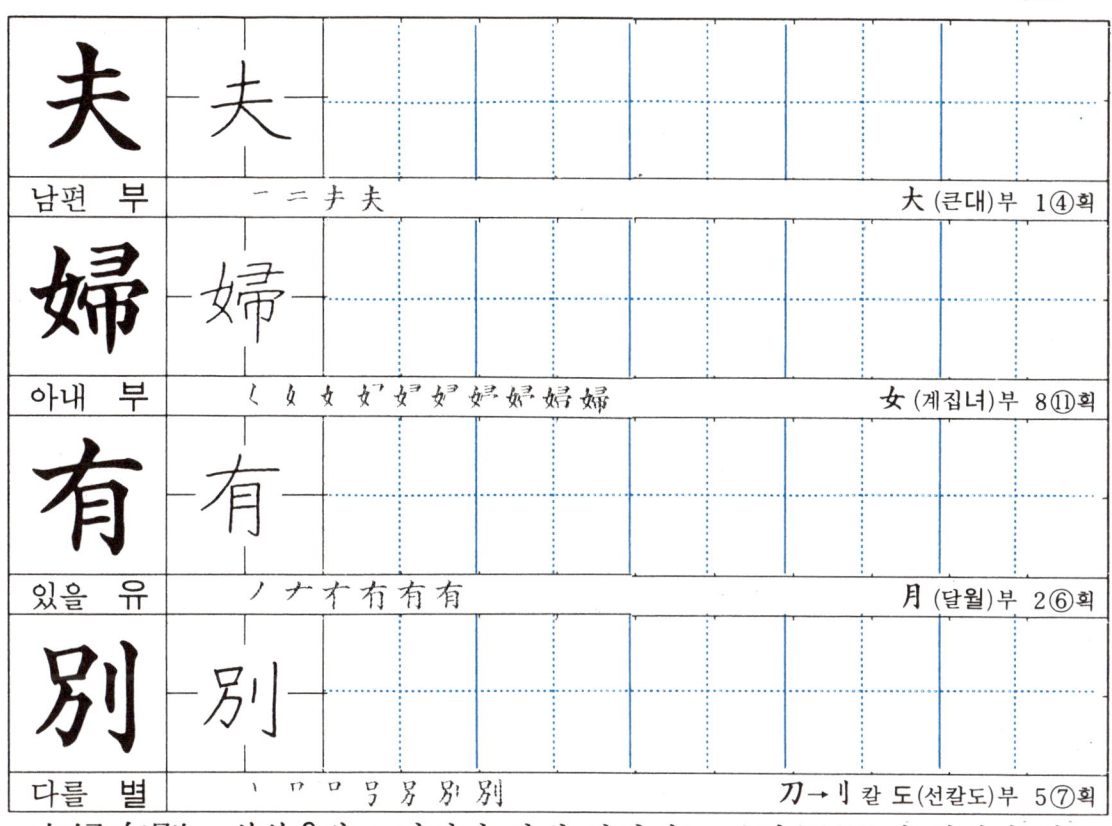

夫婦有別　부부유별 : 남편과 아내 사이에는 분별(分別)이 있어야 하고,

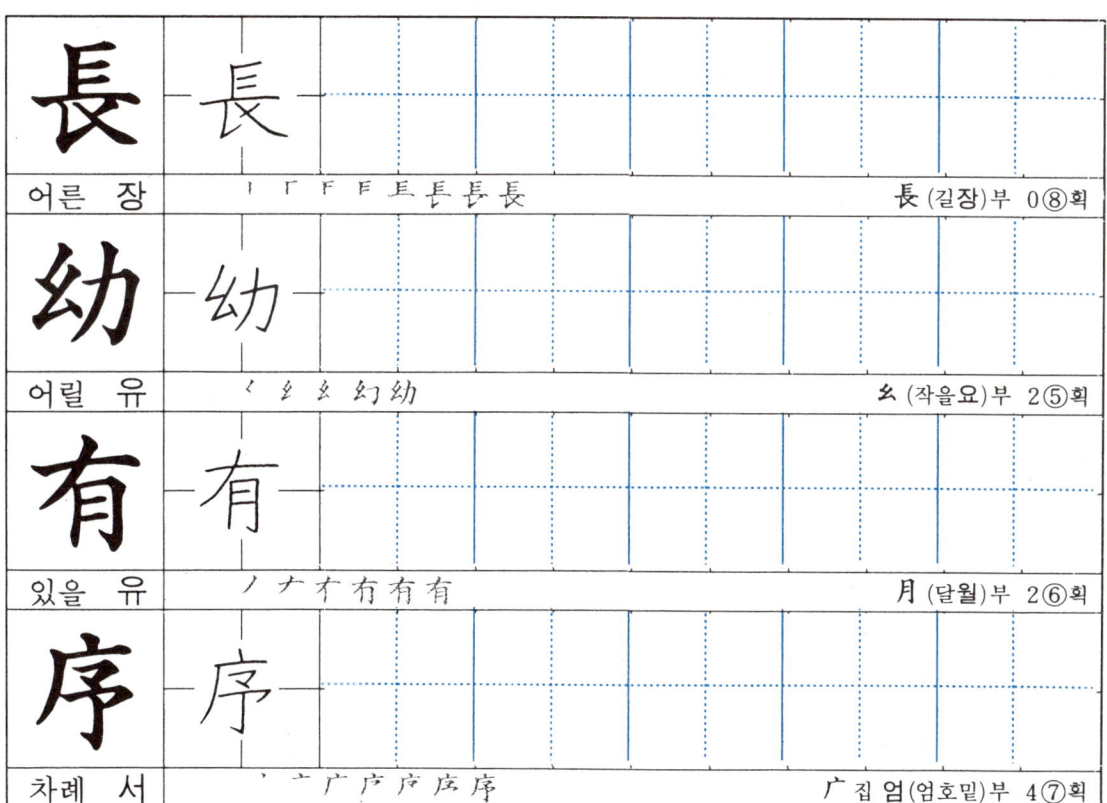

長幼有序　장유유서 : 어른과 아이 사이에는 차례가 있어야 하며,

朋	朋					
벗 붕	ノ 刀 月 月 刖 刖 朋 朋					月 (달월)부 4⑧획
友	友					
벗 우	一 ナ 方 友					又 (또우)부 2④획
有	有					
있을 유	ノ ナ オ 有 有 有					月 (달월)부 2⑥획
信	信					
믿을 신	ノ イ イ′ イ⸍ 亻㇃ 信 信 信 信					人→亻 사람 인(사람인변)부 7⑨획

朋友有信　붕우유신 : 벗과 벗 사이에는 신의(信義)가 있어야 하니.

是	是					
이 시	丨 口 日 日 旦 早 무 昰 是					日 (날일)부 5⑨획
謂	謂					
일컬을 위	亠 言 訁 訊 謂 謂 謂 謂 謂					言 (말씀언)부 9⑯획
五	五					
다섯 오	一 丁 五 五					二 (두이)부 2④획
倫	倫					
인륜 륜	ノ イ 亻′ 伶 伶 伶 伶 倫 倫 倫					人→亻 사람 인(사람인변)부 8⑩획

是謂五倫　시위오륜 : 이것을 말하여 오륜(五倫)이라 한다.

視	視							
볼 시	一 丁 亍 亓 禾 祁 礼 神 祖 視 視						見 (볼견)부 4⑪획	
思	思							
생각 사	丨 口 巾 田 田 曰 思 思 思						心 (마음심)부 5⑨획	
必	必							
반드시 필	` ソ 必 必 必						心 (마음심)부 1⑤획	
明	明							
밝을 명	丨 冂 冂 日 旫 明 明 明						日 (날일)부 4⑧획	

視思必明 시사필명 : 볼 때에는 반드시 밝게 볼 것을 생각하고,

聽	聽							
들을 청	丆 丅 耳 郖 耶 聍 聴 聽 聽 聽						耳 (귀이)부 16㉒획	
思	思							
생각 사	丨 口 巾 田 田 曰 思 思 思						心 (마음심)부 5⑨획	
必	必							
반드시 필	` ソ 必 必 必						心 (마음심)부 1⑤획	
聰	聰							
귀밝을 총	一 丁 冂 日 耳 耳' 耴 聡 聰						耳 (귀이)부 8⑭획	

聽思必聰 청사필총 : 들을 적에는 반드시 밝게 들을 것을 생각하며,

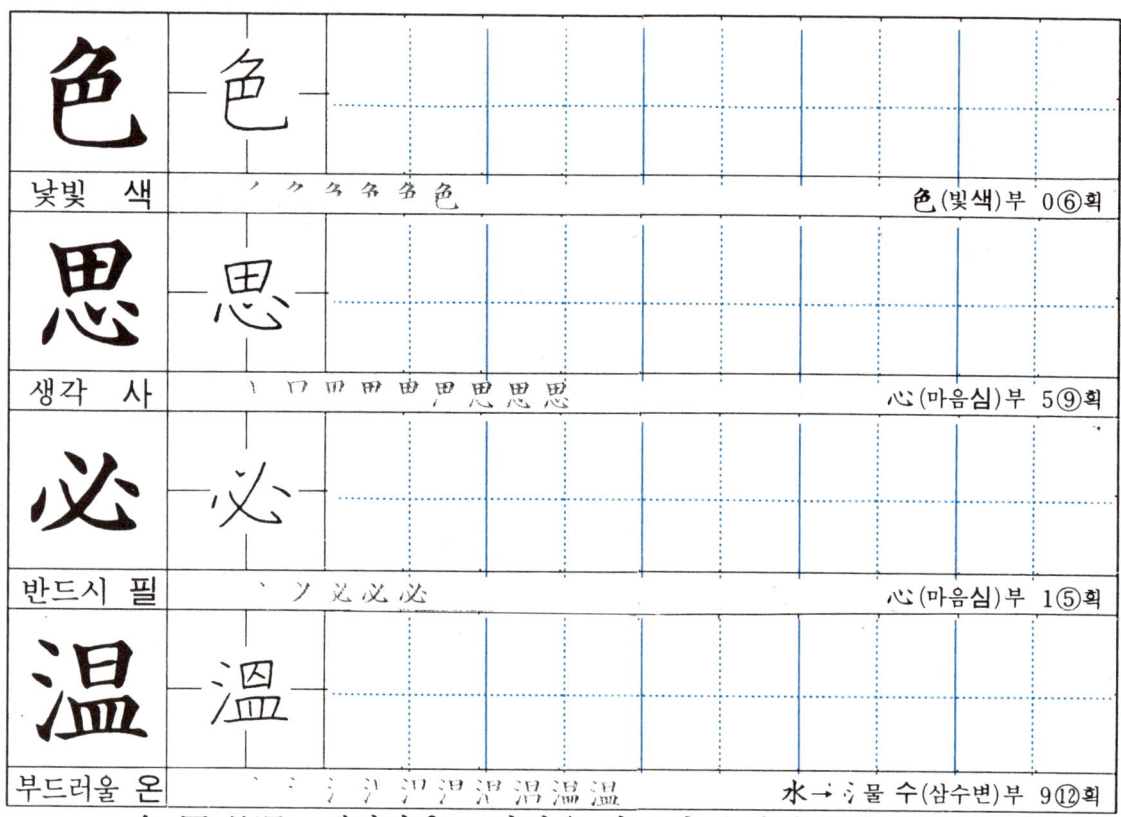

色思必溫 색사필온 : 낯빛은 반드시 온화하게 할 것을 생각하고,

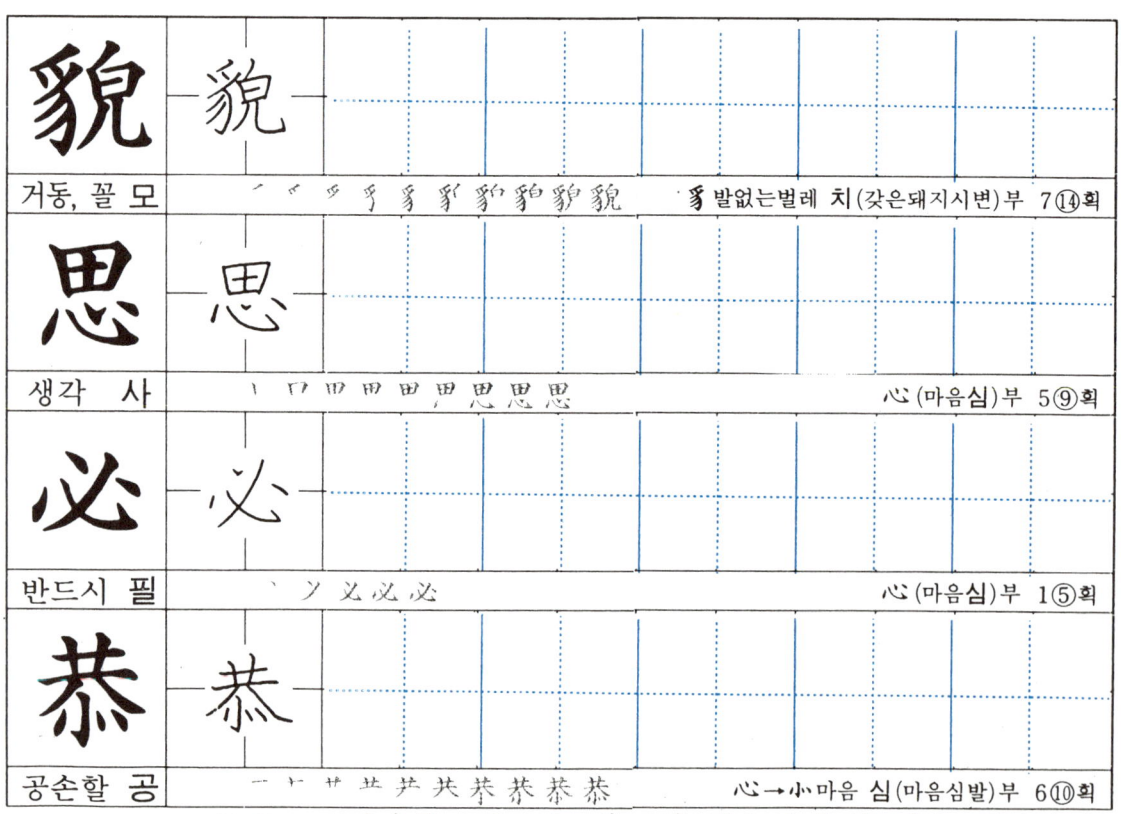

貌思必恭 모사필공 : 용모는 반드시 공손하게 할 것을 생각하며,

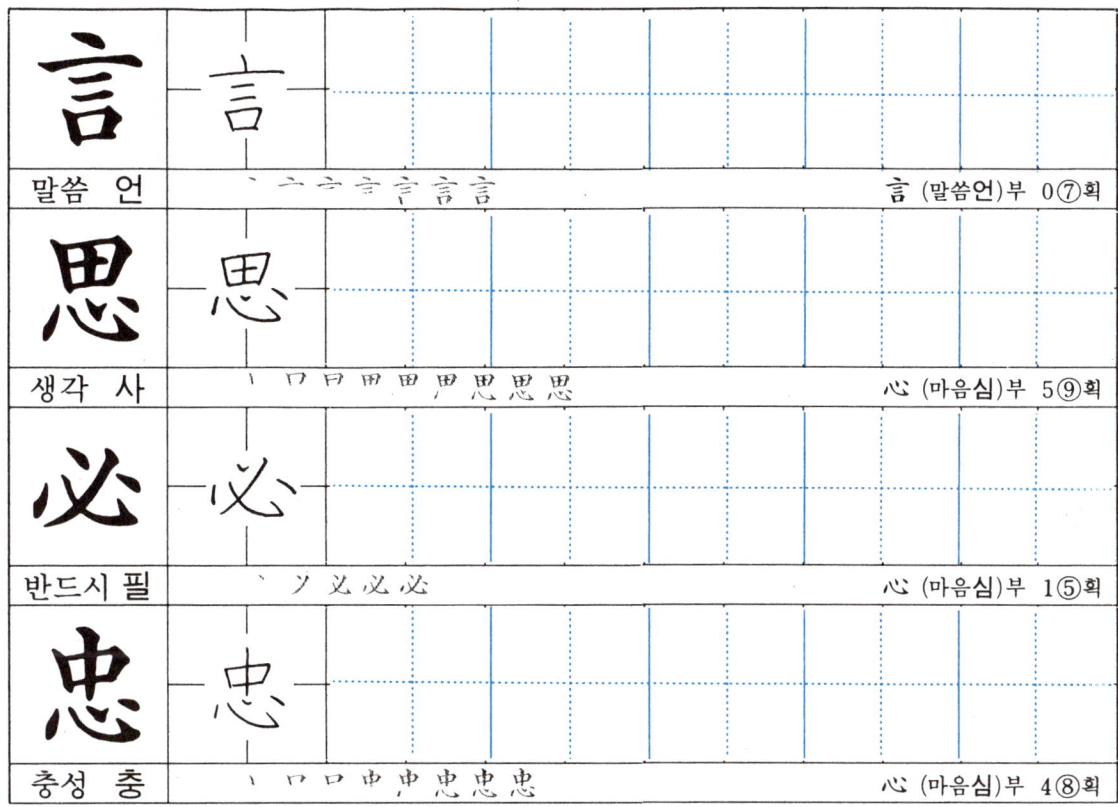

言必思忠 언필사충 : 말은 반드시 성실하게 할 것을 생각하고,

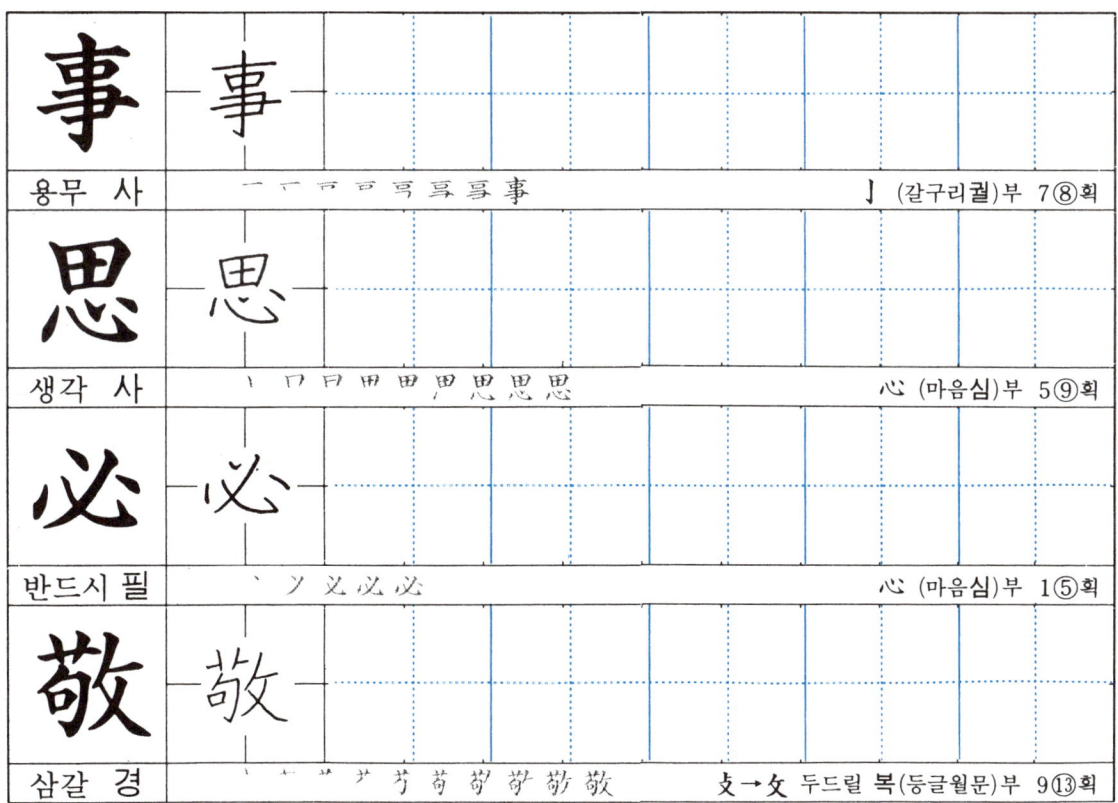

事必思敬 사필사경 : 일은 반드시 공경(恭敬)할 것을 생각하며,

疑	疑						
의심할 의	〆 ヒ ヒ ヒ 失 뜻 疑 疑 疑					疋(짝필)부 9⑭획	
思	思						
생각 사	丶 口 田 田 田 思 思 思					心(마음심)부 5⑨획	
必	必						
반드시 필	丶 丿 必 必 必					心(마음심)부 1⑤획	
問	問						
물을 문	丨 ㄗ ㄗ ㄗ ㄗ 門 門 問 問					門(문문)부 3⑪획	

疑必思問 의필사문 : 의심이 날 적에는 반드시 물을 것을 생각하고,

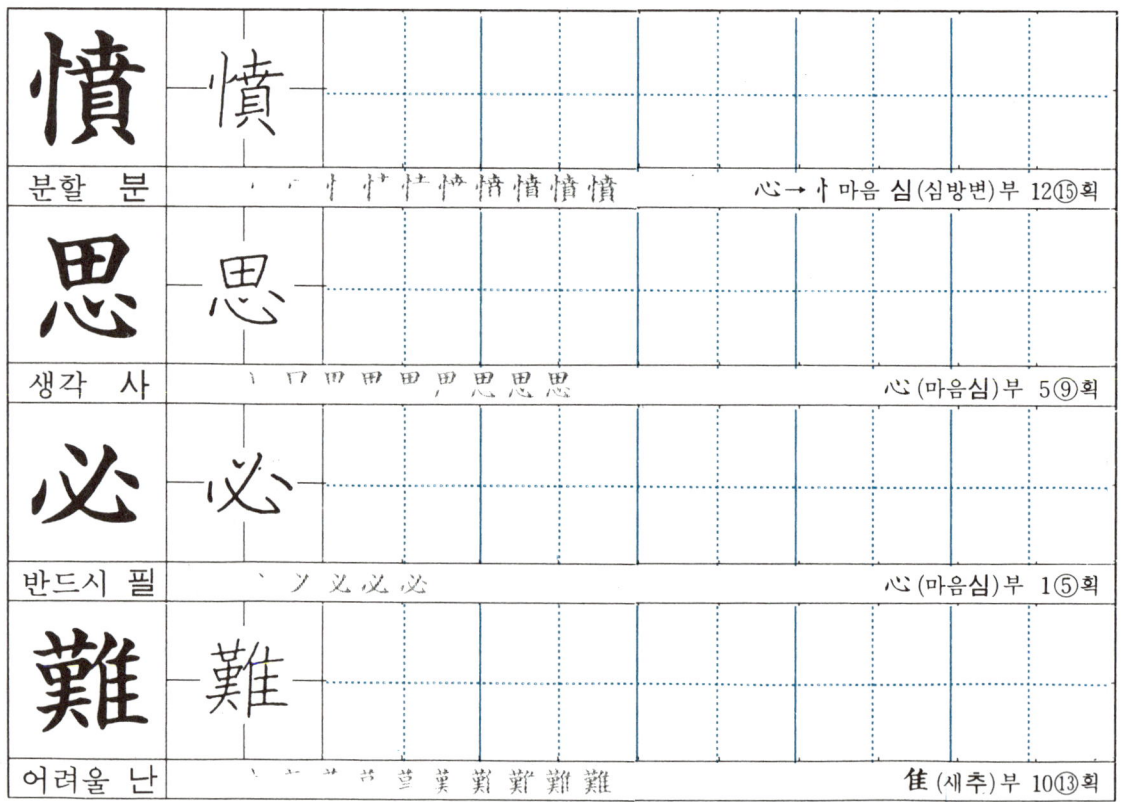

忿必思難 분필사난 : 분노가 일 때에는 더 어려워질 것을 생각하며,

見	見						
볼 견	丨 冂 冃 日 目 貝 見					見(볼견)부 0⑦획	
得	得						
얻을 득	ノ ノ 彳 彳 彳 彳 得 得 得 得					彳자축거릴 척(두인변·중인변)부 8⑪획	
思	思						
생각 사	丨 冂 田 田 田 思 思 思 思					心(마음심)부 5⑨획	
義	義						
옳을 의	` ` ´ 羊 羊 羊 羊 義 義 義					羊→羋(양양)부 7⑬획	

見得思義 견득사의 : 이득을 얻었을 때에는 의(義)를 생각해야 하니.

是	是						
이 시	丨 冂 日 日 旦 早 早 是 是					日(날일)부 5⑨획	
謂	謂						
일컬을 위	丶 亠 言 訁 訝 謂 謂 謂 謂 謂					言(말씀언)부 9⑯획	
九	九						
아홉 구	ノ 九					乙(새을)부 1②획	
思	思						
생각 사	丨 冂 田 田 田 思 思 思 思					心(마음심)부 5⑨획	

是謂九思 시왈구사 : 이것을 말하여 구사(九思)라 한다.

足	足					
발 족	丶ㅁㅁ무무足				足 (발족)부 0⑦획	
容	容					
형용할 용	丶丶宀宀宀宍宍突容容				宀 집 면(갓머리)부 7⑩획	
必	必					
반드시 필	丶ソ必必必				心 (마음심)부 1⑤획	
重	重					
무거울 중	一二千千亩亩重重重				里 (마을리)부 2⑨획	

足容必重 족용필중 : 발 모양은 반드시 무겁게 하고,

手	手					
손 수	一二三手				手 (손수)부 0④획	
容	容					
형용할 용	丶丶宀宀宀宍宍突容容				宀 집 면(갓머리)부 7⑩획	
必	必					
반드시 필	丶ソ必必必				心 (마음심)부 1⑤획	
恭	恭					
공손할 공	一十卄丗芁共恭恭恭				心→忄 마음 심(마음심발)부 6⑩획	

手容必恭 수용필공 : 손 모양은 반드시 공손(恭遜)하게 하며,

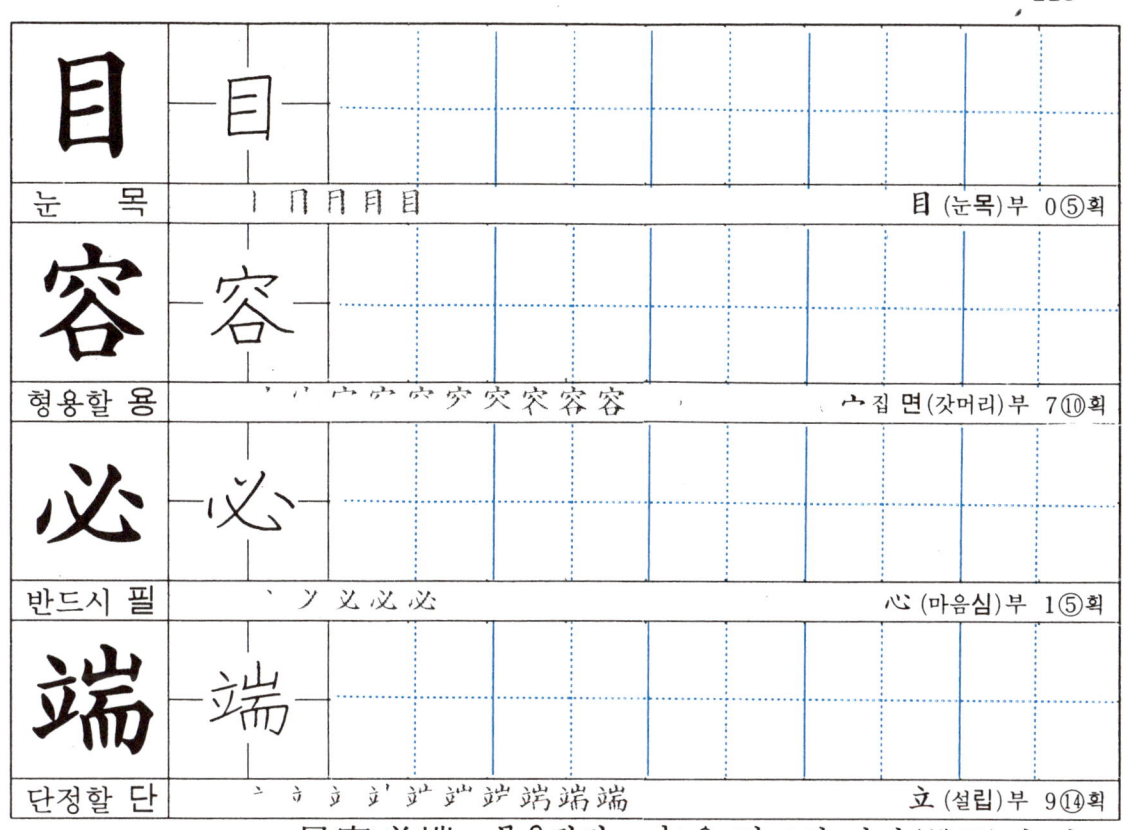

目容必端 목용필단 : 눈은 반드시 단정(端正)히 하고,

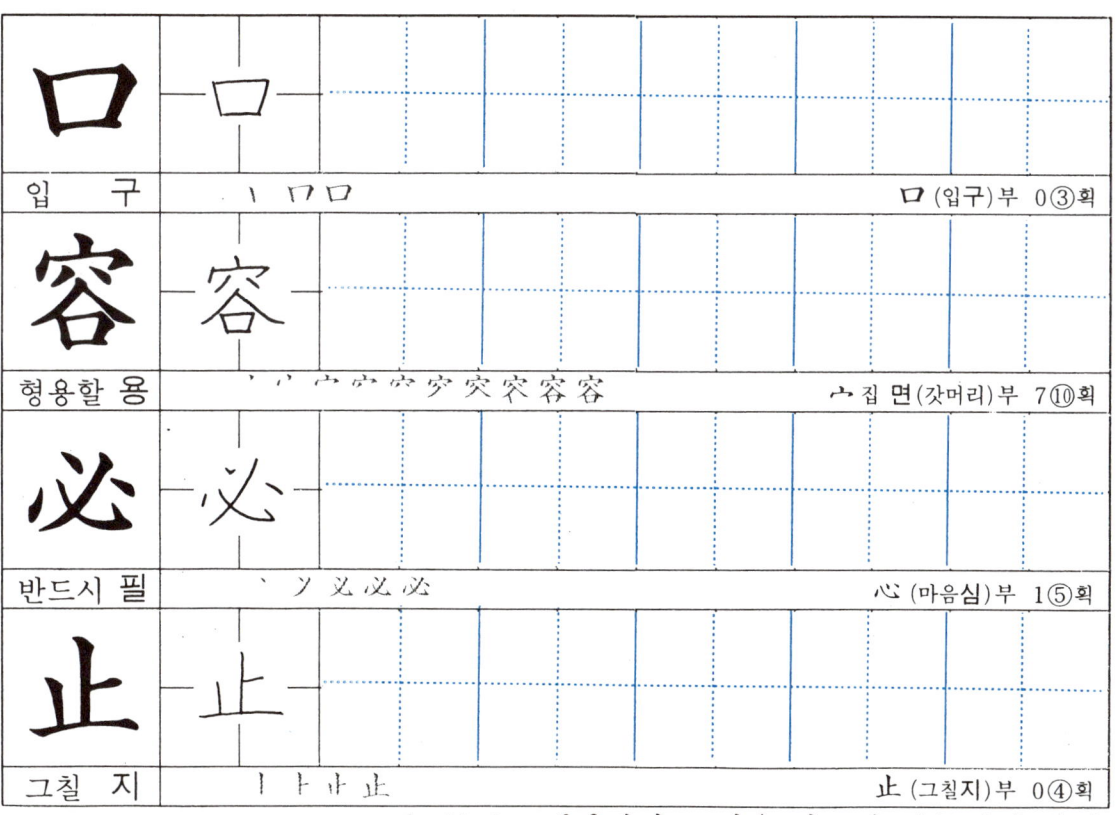

口容必止 구용필지 : 입은 반드시 다물어야 하며,

聲	聲					
목소리 성	¹乚⁺⁺声₁声声声殸殸殸聲聲聲					耳 (귀이)부 11⑰획
容	容					
형용할 용	¹冖宀宀宀宁宀穴容容					宀집 면(갓머리)부 7⑩획
必	必					
반드시 필	㇏丿必必必					心 (마음심)부 1⑤획
靜	靜					
고요할 정	⁺土丰青青青靑靜靜靜					靑 (푸를청)부 8⑯획

聲容必靜　성용필정 : 음성(音聲)은 반드시 고요히 하고.

氣	氣					
숨 기	′⁺⁺气气气氕氘氣氣					气 (기운기)부 6⑩획
容	容					
형용할 용	¹冖宀宀宀宁宀穴容容					宀집 면(갓머리)부 7⑩획
必	必					
반드시 필	㇏丿必必必					心 (마음심)부 1⑤획
肅	肅					
엄숙할 숙	⁻⁼ヨ肀肀肀肀肃肅肅					聿 (오직율)부 7⑬획

氣容必肅　기용필숙 : 기상(氣像)과 용모는 반드시 엄숙히 하고.

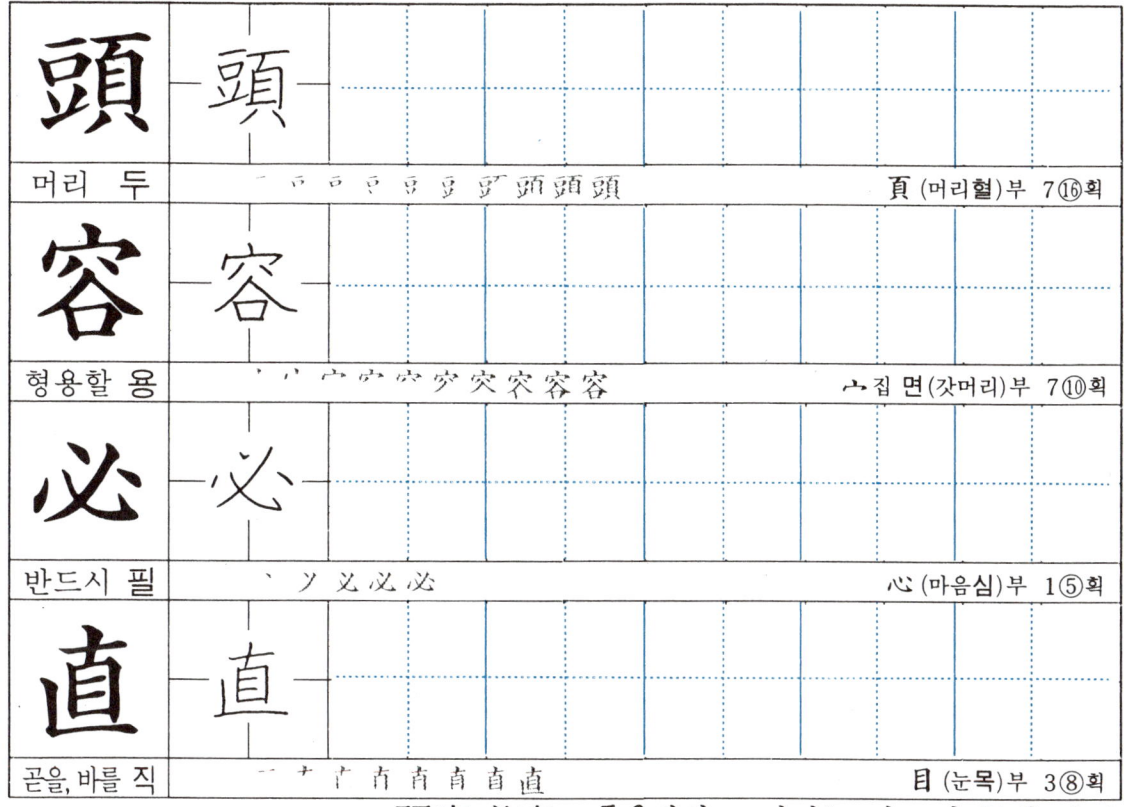

頭容必直 두용필직 : 머리는 반드시 곧게 하며.

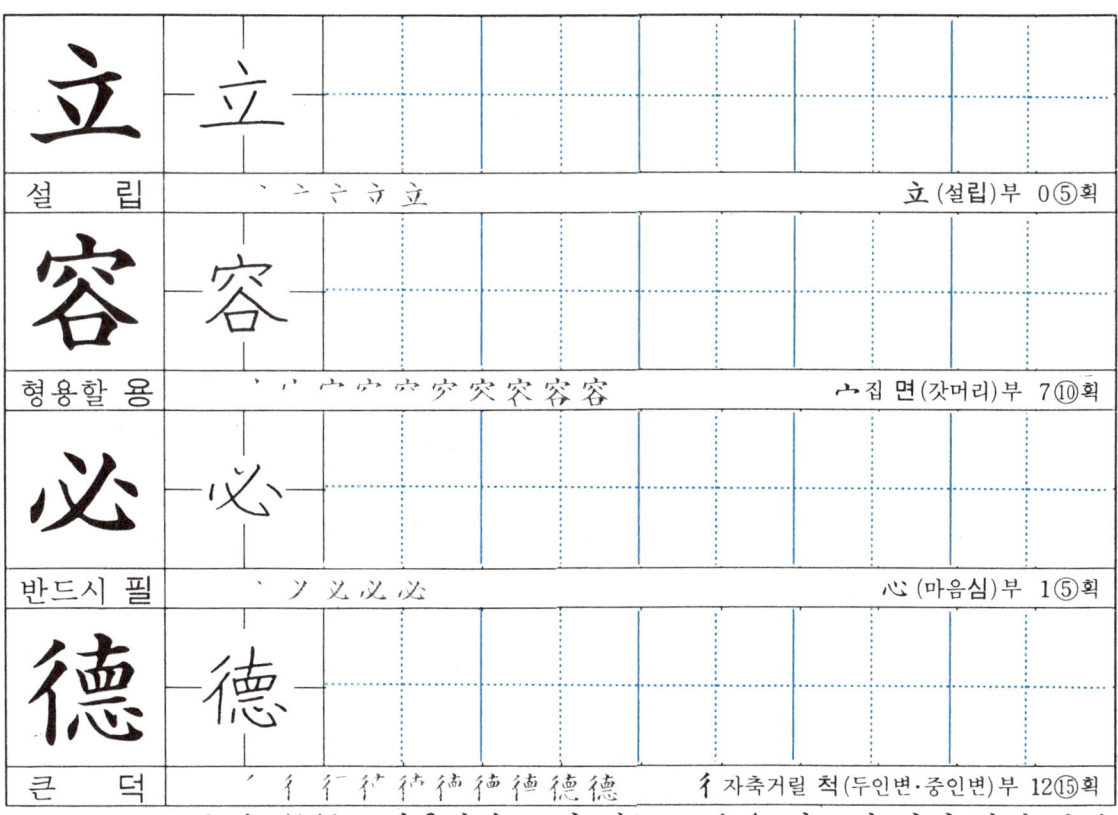

立容必德 입용필덕 : 서 있는 모습은 반드시 덕이 있게 하며.

色	色
낯빛 색	ノク夕多多色　　色(빛색)부 0⑥획
容	容
형용할 용	丶丶宀宀宀灾灾容容　　宀집면(갓머리)부 7⑩획
必	必
반드시 필	丶ソ必必必　　心(마음심)부 1⑤획
莊	莊
씩씩할 장	一十十计計計莊莊莊　　艹→艸풀초(초두)부 7⑪획

色容必莊 색용필장 : 얼굴은 반드시 씩씩하게 하여야 하니.

是	是
이 시	丨冂日日旦早早是是　　日(날일)부 5⑨획
謂	謂
일컬을 위	丶亠言訂訵訶訶謂謂　　言(말씀언)부 9⑯획
九	九
아홉 구	ノ九　　乙(새을)부 1②획
容	容
형용할 용	丶丶宀宀宀灾灾容容　　宀집면(갓머리)부 7⑩획

是曰九容 시왈구용 : 이것을 말하여 구용(九容)이라 한다.

修	修					
닦을 수	ノ亻亻亻攸攸修修修修				人→亻사람 인(사람인변)부 8⑩획	

身	身					
몸 신	ノ亻竹竹自身身				身(몸신)부 0⑦획	

齊	齊					
정제할 제	亠亠亠方亣亣斊斊齊齊				齊(가지런할제)부 0⑭획	

家	家					
집 가	丶丶宀宀宇宁宇家家家				宀집 면(갓머리)부 7⑩획	

修身齊家 수신제가 : 몸을 닦고 집안을 가지런히 하는 것은,

治	治					
다스릴 치	丶丶氵氵汁治治治				水→氵물 수(삼수변)부 5⑧획	

國	國					
나라 국	丨冂冂冂冂國國國國國國				囗에울 위(큰입구몸·에운담)부 8⑪획	

之	之					
어조사 지	丶一宀之				ノ삐침 별(삐침)부 3④획	

本	本					
근본 본	一十才木本				木(나무목)부 1⑤획	

治國之本 치국지본 : 나라를 다스리는 근본(根本)이 되고,

士	士						
선비 사	一 十 士					士(선비사)부 0③획	
農	農						
농사지을 농	口 曲 曲 芦 芦 芦 農 農 農					辰(별진)부 6⑬획	
工	工						
장인 공	一 丁 工					工(장인공)부 0③획	
商	商						
장사할 상	丶 亠 亠 产 产 产 商 商 商					口(입구)부 8⑪획	

士農工商 사농공상 : 선비와 농군과 장인과 상인은,

國	國						
나라 국	丨 冂 冂 同 同 同 囻 國 國 國					囗 에울 위(큰입구몸·에운담)부 8⑪획	
家	家						
집 가	丶 宀 宀 宁 宇 家 家 家					宀 집 면(갓머리)부 7⑩획	
利	利						
이로울 리	一 二 千 禾 禾 利 利					刀→刂칼 도(선칼도)부 5⑦획	
用	用						
쓸 용	丿 冂 月 月 用					用(쓸용)부 0⑤획	

國家利用 국가이용 : 나라와 가정에 이롭게 써야 한다.

鰥	鰥
홀아비 환	⺈ 产 凢 魚 魚¹ 魚² 魚丷 魻 鰥 鰥 鰥　　魚(고기어)부 10㉑획

寡	寡
과부 과	⺈ 宀 宀 宀 宀 宇 宵 寡 寡 寡　　宀집 면(갓머리)부 11⑭획

孤	孤
부모없을 고	⺊ 了 子 孑 孑 孤 孤 孤　　子(아들자)부 5⑧획

獨	獨
홀로 독	⺈ 犭 犭 犭 犭 犭 獨 獨 獨 獨　　犬→犭개 견(개사슴록변)부 13⑯획

鰥寡孤獨 : 환과고독: 늙은 홀아비와 과부 그리고 부모 없는 어린이와, 자식 없는 늙은이.

謂	謂
이를 위	⺈ 言 言 訂 訮 謂 謂 謂 謂　　言(말씀언)부 9⑯획

之	之
어조사 지	⺈ 丶 ㇇ 之　　丿삐침 별(삐침)부 3④획

四	四
넉 사	⺈ 冂 冂 四 四　　口에울 위(큰입구몸·에운담)부 2⑤획

窮	窮
궁할 궁	⺈ 宀 宀 宀 宀 穸 穽 窮 窮　　穴(구멍혈)부 10⑮획

謂之四窮　위지사궁: 이를 사궁이라 한다.

發	發
펼 발	ノ ナ ガ ガ ゲ 癸 癸 發 發 發 — 癶 걸을 발(필발머리)부 7⑫획

政	政
정사 정	一 T F 正 正 正 政 政 — 攴→攵 두드릴 복(등글월문)부 4⑧획

施	施
베풀 시	ˊ ˋ 亠 方 方 扩 斺 施 施 — 方 (모방)부 5⑨획

仁	仁
어질 인	ノ 亻 仁 仁 — 人→亻 사람 인(사람인변)부 2④획

發政施仁 발정시인 : 정사를 펴고 인을 베풀되,

先	先
먼저 선	ノ ˊ 두 生 步 先 — 儿 (어진사람인발)부 4⑥획

施	施
베풀 시	ˊ ˋ 亠 方 方 扩 斺 施 施 — 方 (모방)부 5⑨획

四	四
넉 사	丶 冂 冂 四 四 — 囗 에울 위(큰입구몸·에운담)부 2⑤획

者	者
사람 자	一 十 土 耂 耂 者 者 者 — 老→耂 늙을 로(늙을로엄)부 4⑧획

先施四者 선시사자 : 먼저 사궁에 처한 사람에게 베풀어야 한다.

十	十							
열 십	一十						十 (열십)부 0②획	
室	室							
집 실	丶丶宀宀宀宀宁宇室室						宀 집 면(갓머리)부 6⑨획	
之	之							
어조사 지	丶亠ラ之						ノ 삐침 별(삐침)부 3④획	
邑	邑							
마을 읍	丶口口号呂呂邑						邑 (고을읍)부 0⑦획	

十室之邑 십실지읍 : 열 집 되는 마을에도,

必	必							
반드시 필	丶ソ必必必						心 (마음심)부 1⑤획	
有	有							
있을 유	ノ十才有有有						月 (달월)부 2⑥획	
忠	忠							
충성 충	丶口口中中忠忠忠						心 (마음심)부 4⑧획	
信	信							
믿을 신	ノイイ仁仁信信信信						人→亻 사람 인(사람인변)부 7⑨획	

必有忠信 필유충신 : 반드시 충성되고 믿음 있는 사람이 있다.

元	元						
처음 원	一二テ元					儿(어진사람인발)부 2④획	
是	是						
이 시	丨冂日日旦早무是是					日(날일)부 5⑨획	
孝	孝						
효도 효	一+土耂孝孝					子(아들자)부 4⑦획	
者	者						
것 자	一+土耂者者者					老→耂늙을 로(늙을로엄)부 4⑧획	

元是孝者 원시효자 : 원래 이 효라는 것은,

爲	爲						
할 위	一ノ爫严严爲爲爲爲					爪→爫손톱 조(손톱조머리)부 8⑫획	
仁	仁						
어질 인	ノイ仁仁					人→亻사람 인(사람인변)부 2④획	
之	之						
어조사 지	、ニ
ク之					ノ삐침 별(삐침)부 3④획	
本	本						
근본 본	一十才木本					木(나무목)부 1⑤획	

爲仁之本 위인지본 : 인을 행하는 근본이다.

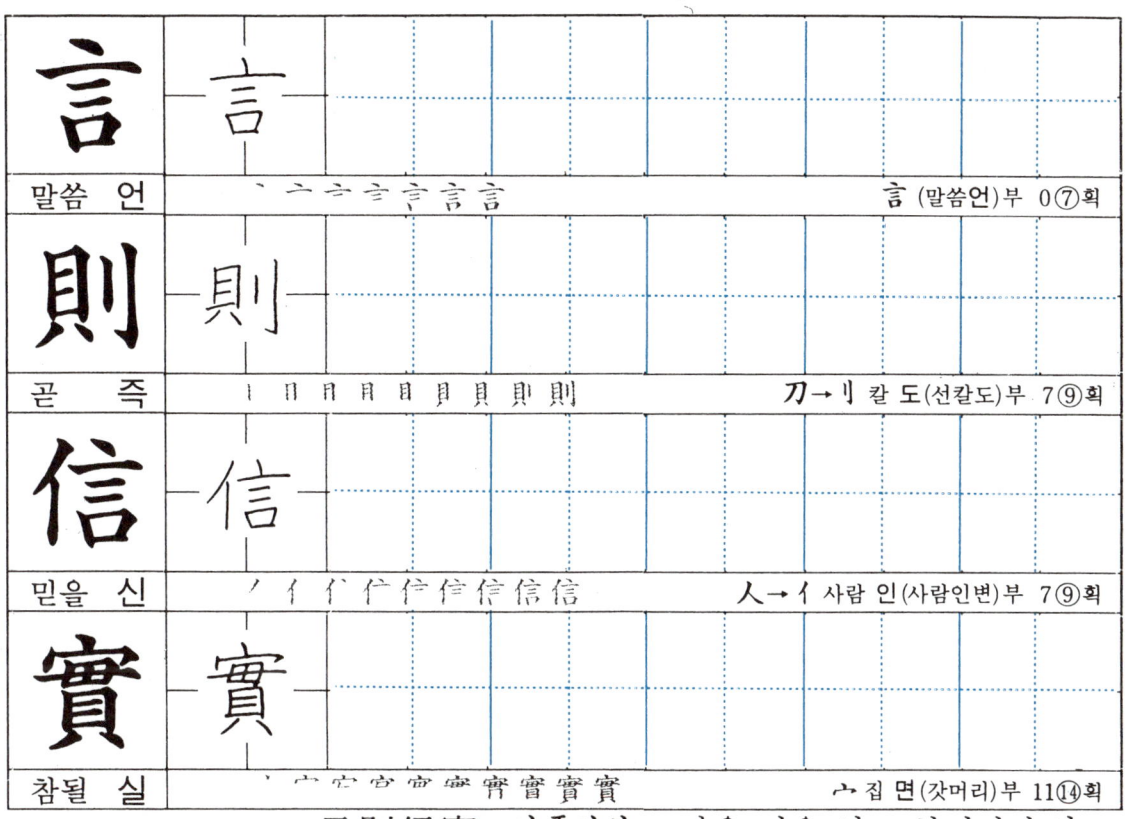

言則信實 언즉신실 : 말은 믿음 있고 참되어야 하고,

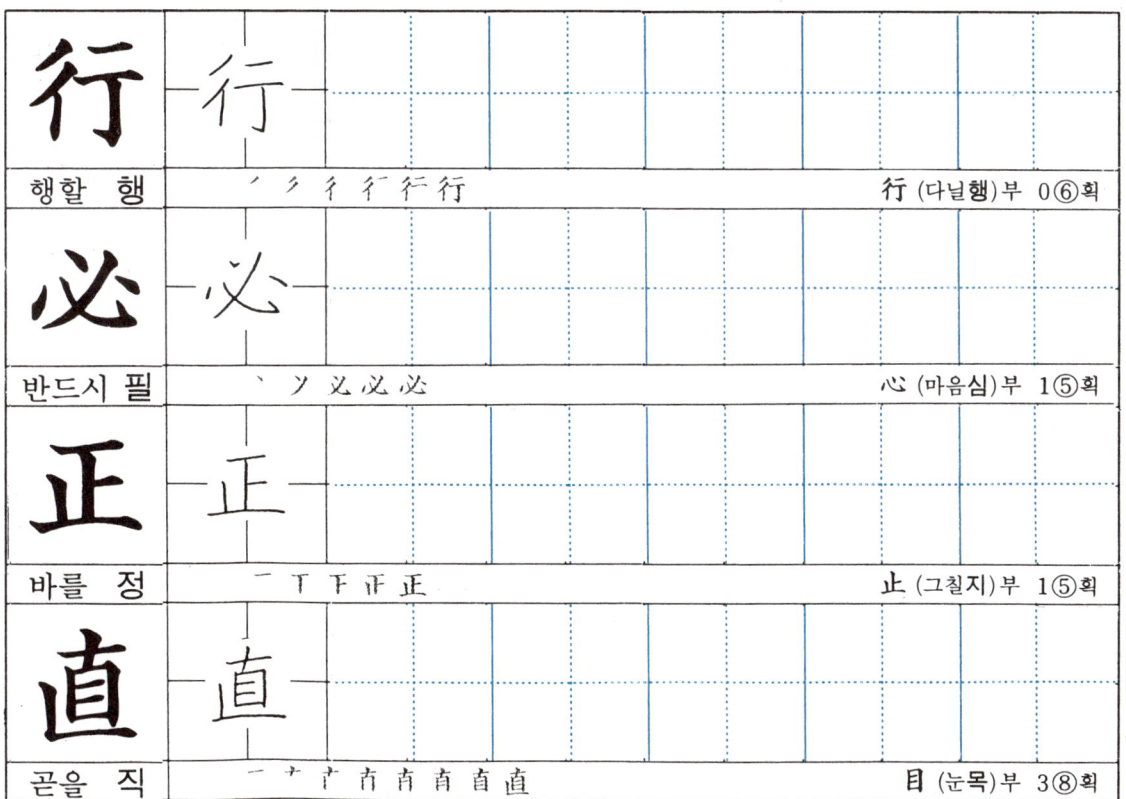

行必正直 행필정직 : 행실(行實)은 반드시 정직(正直)해야 한다.

한자	쓰기	필순	부수/획수
一 한 일	一	一	一(한일)부 0①획
粒 낟알 립	粒	丶丶丷半米米米粒粒	米(쌀미)부 5⑪획
之 어조사 지	之	丶亠ナ之	丿삐침 별(삐침)부 3④획
穀 곡식 곡	穀	一十土寺声幸苗新穀穀	禾(벼화)부 9⑭획

일립지곡 : 한 톨의 곡식이라도,,

한자	쓰기	필순	부수/획수
必 반드시 필	必	丶丿必必必	心(마음심)부 1⑤획
分 나눌 분	分	丿八今分	刀(칼도)부 2④획
以 써 이	以	丨丨丨以以	人(사람인)부 3⑤획
食 먹을 식	食	丿人入今今今食食	食(밥식)부 0⑨획

必分以食 필분이식 : 반드시 서로 나누어 먹어야 한다.

一	一						
한 일	一					一(한일)부 0①획	
縷	縷						
실 루	幺 糸 糹 糹 絹 絹 縛 縷 縷					糸(실사)부 11⑰획	
之	之						
어조사 지	、 亠 ㇇ 之					ノ삐침 별(삐침)부 3④획	
衣	衣						
옷 의	、 亠 广 产 衣 衣					衣(옷의)부 0⑥획	

일루지의 : 한 올의 실과 같은 의복이라도,

必	必						
반드시 필	、 ソ 必 必 必					心(마음심)부 1⑤획	
分	分						
나눌 분	ノ 八 今 分					刀(칼도)부 2④획	
以	以						
써 이	㇀ ㇄ 以 以 以					人(사람인)부 3⑤획	
衣	衣						
옷입을 의	、 亠 广 产 衣 衣					衣(옷의)부 0⑥획	

필분이의 : 반드시 나누어서 입어야 한다.

積	積						
쌓을 적	一 二 千 禾 禾 禾 秆 秆 積 積 積					禾(벼화)부 11⑯획	
善	善						
착할 선	` ソ ソ 羊 羊 美 姜 善 善 善					口(입구)부 9⑫획	
之	之						
어조사 지	` 一 ラ 之					ノ삐침 별(삐침)부 3④획	
家	家						
집 가	` ` 宀 宀 宀 宁 宇 宇 家 家					宀집 면(갓머리)부 7⑩획	

積善之家 적선지가 : 선(善)을 쌓은 집안에는,

必	必						
반드시 필	` ソ 必 必 必					心(마음심)부 1⑤획	
有	有						
있을 유	ノ ナ オ 冇 有 有					月(달월)부 2⑥획	
餘	餘						
남을 여	ノ 스 스 今 今 侖 侖 侖 餘 餘					食→飠밥 식(밥식변)부 7⑯획	
慶	慶						
경사 경	` 一 广 广 庐 庐 庐 庐 慶 慶					心(마음심)부 11⑮획	

必有餘慶 필유여경 : 반드시 더한 경사(慶事)가 있고,

積	積
쌓을 적	一二千千禾禾秆秸積積積　　禾(벼화)부 11⑯획

惡	惡
모질 악	一ㅜ亞亞亞亞惡惡　　心(마음심)부 8⑫획

之	之
어조사 지	、亠ナ之　　ノ삐침 별(삐침)부 3④획

家	家
집 가	、宀宁宇穼家家家家　　宀집 면(갓머리)부 7⑩획

적악지가 : 악을 쌓은 집안에는,

必	必
반드시 필	、ソ必必必　　心(마음심)부 1⑤획

有	有
있을 유	ノナ オ 有 有 有　　月(달월)부 2⑥획

餘	餘
남을 여	人ㅅ今今食食飠餘餘　　食→飠밥 식(밥식변)부 7⑯획

殃	殃
재앙 앙	一ㄱ歹歹歹殃殃殃　　歹살발른뼈 알(죽을사변)부 5⑨획

必有餘殃　필유여앙 : 반드시 더한 재앙(災殃)이 있게 된다.

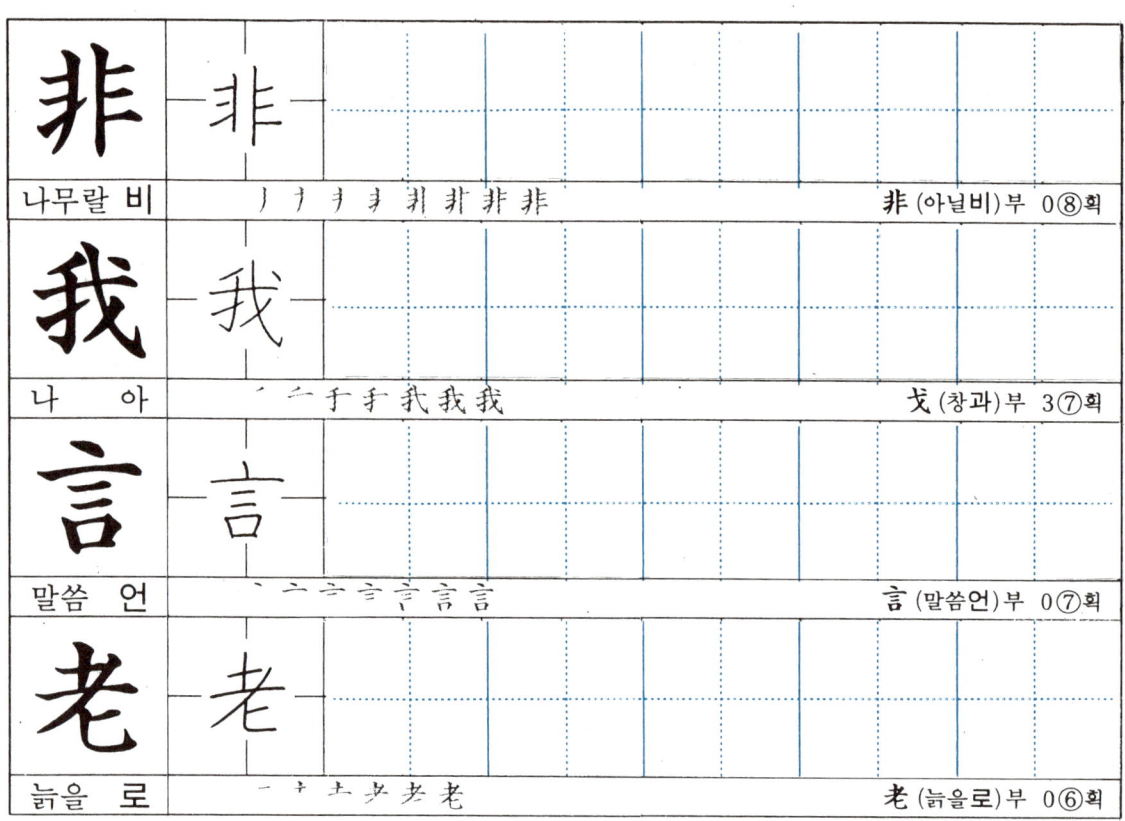

非我言耄 비아언모 : 내 말은 늙은이의 망령된 말이 아니라.

惟聖之謨 유성지모 : 오직 성인(聖人)의 가르침인 것이다.

嗟	嗟						
탄식할 차	ㅁ ㅁ ㅁ° ㅁ° ㅁ° 嗟 嗟 嗟 嗟					口 (입구)부 10⑬획	
嗟	嗟						
탄식할 차	ㅁ ㅁ ㅁ° ㅁ° ㅁ° 嗟 嗟 嗟 嗟					口 (입구)부 10⑬획	
小	小						
적을 소	ㅣ ㅣ 小					小 (작을소)부 0③획	
子	子						
아들 자	ㄱ 了 子					子 (아들자)부 0③획	

嗟嗟小子　차차소자：오！ 소자(小子 ＝제자 弟子)들이여！

敬	敬						
공경할 경	ˋ ˊ ˇ ˋ 芍 茍 䒑 敬 敬 敬					攴→攵 두드릴 복(등글월문)부 8⑫획	
受	受						
받을 수	ˋ ˊ ˇ ˋ 爫 爫 爫 受 受					又 (또우)부 6⑧획	
此	此						
이 차	ㅣ 比 比 比 此 此					止 (그칠지)부 2⑥획	
書	書						
글 서	ㄱ ㄱ ㄱ ㅋ 申 書 書 書 書 書					日 (가로왈)부 6⑩획	

敬受此書　경수차서：공경(恭敬)하는 마음으로 이 책을 받아라.

教育部選定 1800 漢字 音別索引
(常用漢字 追加)

ㄱ

[가]	加 더할가	可 옳을가	佳 아름다울가	架 가설할가	家 집가	街 거리가	假 거짓가	暇 겨를가	歌 노래가	價 값가	[각]	各 각각각	角 뿔각	却 물리칠각
刻 새길각	脚 다리각	閣 누각각	覺 깨달을각	[간]	干 방패간	刊 책펴낼간	肝 간간	看 볼간	間 사이간	姦 간사할간	幹 줄기간	簡 간략할간	懇 간절할간	諫 간할간
奸 간음할간	[갈]	渴 목마를갈	竭 다할갈	[감]	甘 달감	敢 구태여감	減 덜감	感 느낄감	監 감독할감	鑑 살필감	[갑]	甲 갑옷갑	[강]	江 물강
强 강할강	降 내릴강	剛 굳셀강	康 편안할강	綱 벼리강	鋼 강철강	講 강론할강	[개]	介 낄개	改 고칠개	皆 모두개	個 낱개	開 열개	蓋 덮을개	慨 분할개
概 대개개	[객]	客 손객	[갱]	更 다시갱 고칠경	[거]	巨 클거	去 갈거	車 수레거	拒 막을거	居 살거	距 떨어질거	據 의거할거	擧 들거	[건]
件 사건건	建 세울건	健 굳셀건	乾 하늘건	[걸]	傑 호걸걸	[검]	劍 칼검	儉 검소할검	檢 검사할검	[게]	憩 쉴게	[격]	格 법식격	激 격동할격
擊 칠격	[견]	犬 개견	見 볼견(현)	肩 어깨견	堅 굳을견	絹 비단견	遣 보낼견	[결]	決 정할결	缺 이지러질결	結 맺을결	訣 이별할결	潔 깨끗할결	[겸]
兼 겸할겸	謙 겸손할겸	[경]	京 서울경	庚 천간경	耕 밭갈경	竟 마침내경	景 볕경	頃 때경	徑 지름길경	敬 공경경	硬 굳을경	傾 기울경	經 경서경	卿 벼슬경
境 지경경	鏡 거울경	輕 가벼울경	慶 경사경	警 경계할경	驚 놀랄경	競 다툴경	[계]	系 이을계	戒 철계	季 지경계	界 지경계	癸 천간계	契 맺을계(글)	係 맬계
計 셈할계	桂 계수나무계	階 섬돌계	啓 열계	械 기계계	溪 시내계	繼 이을계	鷄 닭계	[고]	古 옛고	告 고할고	考 상고할고	固 굳을고	苦 괴로울고	故 연고고
姑 시어미고	枯 마를고	高 높을고	孤 외로울고	庫 창고고	雇 더부살이고	稿 볏짚고	鼓 북고	顧 돌아볼고	[곡]	曲 굽을곡	谷 골곡	哭 울곡	穀 곡식곡	[곤]
困 곤할곤	坤 땅곤	[골]	骨 뼈골	[공]	工 장인공	孔 구멍공	公 공변될공	功 공공	共 함께공	攻 칠공	供 이바지할공	空 하늘공	貢 바칠공	恭 공손할공
恐 두려울공	[과]	戈 창과	瓜 외과	果 과실과	科 과목과	過 지날과	誇 자랑할과	課 매길과	寡 적을과	郭 성곽곽	[관]	官 벼슬관	冠 갓관
貫 관향관	寬 너그러울관	管 주관할관	慣 익숙할관	關 관계할관	觀 볼관	[광]	光 빛광	廣 넓을광	鑛 쇠덩이광	[괘]	掛 걸괘	[괴]	怪 괴이할괴	愧 부끄러울괴
塊 흙덩어리괴	壞 무너질괴	[교]	交 사귈교	巧 공교할교	郊 들교	校 학교교	敎 가르칠교	較 비교할교	橋 다리교	矯 바로잡을교	[구]	九 아홉구	口 입구	久 오랠구
丘 언덕구	句 글귀구(귀)	求 구할구	究 궁구할구	拘 잡을구	狗 개구	苟 구차할구	具 갖출구	俱 함께구	區 구역구	救 구원할구	球 구슬구	構 얽을구	舊 옛구	龜 거북구(귀)
懼 두려워할구	驅 몰구	鷗 갈매기구	[국]	局 판국	菊 국화국	國 나라국	[군]	君 임금군	軍 군사군	郡 고을군	群 무리군	[굴]	屈 굽을굴	[궁]
弓 활궁	宮 궁궐궁	窮 궁할궁	[권]	券 문서권	卷 굽을권	拳 주먹권	勸 권할권	權 권세권	[궐]	厥 그궐	[귀]	鬼 귀신귀	貴 귀할귀	歸 돌아올귀
[규]	叫 부르짖을규	規 법규	閨 안방규	[균]	均 고를균	菌 버섯균	[극]	克 이길극	極 지극할극	劇 연극극	[근]	斤 근근	近 가까울근	根 뿌리근
僅 겨우근	勤 부지런할근	謹 삼갈근	[금]	今 이제금	金 쇠금(김)	禁 금할금	琴 거문고금	禽 날짐승금	錦 비단금	[급]	及 미칠급	急 급할급	級 등급급	給 줄급
[긍]	肯 즐길긍	[기]	己 천간기	企 꾀할기	忌 꺼릴기	技 재주기	氣 기운기	寄 부칠기	基 터기	飢 주릴기	期 기약기	欺 속일기	旗 기기	奇 기이할기
祈 빌기	其 그기	紀 기강기	豈 어찌기	記 기록할기	起 일어날기	旣 이미기	幾 몇기	棄 버릴기	器 그릇기	畿 경기기	機 틀기	騎 말탈기	[긴]	緊 요긴할긴
[길]	吉 길할길													

ㄴ

[나] 那 어찌나	[낙] 諾 허락낙	[난] 暖 따뜻할난	難 어려울난	[남] 男 사내남	南 남녘남	[납] 納 들일납	[낭] 娘 각시낭	[내]
乃 이에내	內 안내	奈 어찌내(나)	耐 견딜내	[녀] 女 계집녀	[년] 年 해년	[념] 念 생각념	[녕] 寧 편안할녕	[노] 奴 종노	努 힘쓸노
怒 성낼노	[농]	農 농사농	濃 걸쩍할농	[뇌] 惱 번뇌할뇌	腦 머리골뇌	[능] 能 능할능	[니] 泥 진흙니		

ㄷ

[다] 多 많을다	茶 차다(차)	[단] 丹 붉을단	旦 아침단	但 다만단	段 층계단	短 짧을단	單 홀단	端 끝단	團 둥글단	壇 단단	檀 박달나무단	斷 끊을단
[달] 達 통달할달	[담] 淡 맑을담	談 말씀담	潭 못담	擔 질담	[답] 畓 논답	答 대답할답	踏 밟을답	[당] 唐 당나라당	堂 집당	當 마땅할당
糖 엿당(탕)	黨 무리당	[대] 大 큰대	代 대신할대	待 기다릴대	帶 띠대	貸 빌릴대	隊 떼대	對 대할대	臺 대대	[덕] 德 큰덕	[도] 刀 칼도
到 이를도	度 법도(탁)	挑 돋울도	途 길도	陶 질그릇도	徒 무리도	逃 달아날도	桃 복숭아도	倒 넘어질도	島 섬도	都 도읍도	渡 건널도	盜 도둑도	道 길도	跳 뛸도
圖 그림도	稻 벼도	導 이끌도	[독] 毒 독할독	督 감독할독	獨 홀로독	篤 두터울독	讀 읽을독(두)	[돈] 豚 돼지돈	敦 두터울돈	[돌] 突 부딪칠돌	[동]
冬 겨울동	同 한가지동	東 동녘동	洞 고을동(통)	桐 오동나무동	凍 얼동	動 움직일동	童 아이동	銅 구리동	[두] 斗 말두	杜 아가위두	豆 콩두	頭 머리두
鈍 무딜둔	[득] 得 얻을득	[등] 登 오를등	等 무리등	燈 등잔등							[둔]

ㄹ

[라] 羅 그물라	[락] 洛 물이름락	落 떨어질락	樂 즐길락(악 요)	[란] 卵 알란	亂 어지러울란	蘭 난초란	欄 난간란	爛 빛날란	[람] 濫 넘칠람	藍 푸를람
覽 볼람	[랑] 郞 사내랑	浪 물결랑	朗 밝을랑	廊 곁채랑	[래] 來 올래	[랭] 冷 찰랭	[략] 掠 노략질할략	略 간략할략	[량] 良 어질량	曆 책력력	歷 지낼력
兩 둘량	涼 서늘할량	梁 들보량	量 헤아릴량	諒 양해할량	糧 양식량	[려] 旅 나그네려	慮 생각할려	勵 힘쓸려	麗 고울려	[력] 力 힘력
[련] 連 이을련	蓮 연꽃련	練 익힐련	聯 연합할련	鍊 단련할련	憐 불쌍히여길련	戀 사모할련	[렬] 列 벌일렬	劣 용렬할렬	烈 매울렬	裂 찢을렬	[렴] 廉 청렴할렴
[령] 令 명령할령	零 영령	領 거느릴령	嶺 재령	靈 신령령	[례] 例 법식례	禮 예도례	[로] 老 늙을로	勞 수고로	路 길로	爐 화로로	露 이슬로
[록] 鹿 사슴록	祿 녹록	綠 초록빛록	錄 기록할록	[론] 論 의논할론	[롱] 弄 희롱할롱	[뢰] 雷 우뢰뢰	賴 의지할뢰	[료] 了 마칠료	料 헤아릴료
[룡] 龍 용룡	[루] 累 포갤루	淚 눈물루	屢 여러루	漏 샐루	樓 다락루	[류] 流 흐를류	柳 버들류	留 머무를류	類 무리류	[륙] 六 여섯륙
陸 뭍륙	[륜] 倫 인륜륜	輪 바퀴륜	[률] 律 법률	栗 밤률	率 비율률	[륭] 隆 성할륭	[릉] 陵 언덕무덤릉	[리] 吏 관리리	李 오얏리
利 이로울리	里 마을리	理 이치리	梨 배리	裏 속리	履 밟을리	離 떠날리	[린] 隣 이웃린	[림] 林 수풀림	臨 임할림	[립] 立 설립	笠 삿갓립

ㅁ

| [마] 馬 말마 | 痲 삼마 | 磨 갈마 | [막] 莫 없을막 | 漠 사막막 | 幕 장막막 | [만] 晚 늦을만 | 萬 일만만 | 漫 부질없을만 | 慢 거만할만 | 滿 찰만 | 灣 물굽이만 |
| 蠻 오랑캐만 | [말] 末 끝말 | [망] 亡 망할망 | 妄 망령될망 | 忙 바쁠망 | 忘 잊을망 | 罔 없을망 | 茫 망망할망 | 望 바랄망 | [매] 梅 매화나무매 | 媒 중매매 | 賣 팔매 |

面 낯면	免 면할면	盟 맹세할맹	猛 사나울맹	盲 소경맹	脈 맥맥	[맥]	買 살매	埋 묻을매	妹 아래누이매	每 매양매
母 어미모	毛 털모	銘 새길명	鳴 울명	冥 어두울명	名 이름명	麥 보리맥	[멸]	綿 솜면	眠 잠잘면	勉 힘쓸면
[몰]	牧 기를목	[명]	目 눈목	明 밝을명	命 목숨명	滅 멸할멸	模 법모	募 뽑을모	某 아무모	矛 창모
務 힘쓸무	睦 화목할목	沐 머리감을목	木 나무목	謀 꾀할모	貌 모양모	暮 저물모	蒙 어릴몽	夢 꿈몽	[몽]	沒 빠질몰
勿 말물	武 호반무	茂 무성할무	廟 사당묘	[목]	妙 묘할묘	慕 사모할모	霧 안개무	舞 춤출무	貿 무역할무	無 없을무
[밀]	聞 들을문	問 물을문	墓 무덤묘	苗 싹묘	卯 토끼묘	[묘]	未 아닐미	[미]	[물]	物 만물물
憫 불쌍히여길민	敏 민첩할민	門 문문	汶 물이름문	文 글월문	眉 눈썹미	美 아름다울미	米 쌀미		蜜 꿀밀	密 빽빽할밀
	民 백성민	[민]	微 작을미	迷 미혹할미	默 잠잠할묵	墨 먹묵	尾 꼬리미	味 맛미		

ㅂ

盤 쟁반반	般 일반반	班 반렬반	叛 배반할반	返 돌아올반	半 반반	反 돌이킬반	[반]	薄 엷을박	博 너를박	迫 핍박할박	拍 칠박	泊 고요할박	朴 순박할박	[박]
訪 찾을방	傲 본받을방	房 방	放 놓을방	邦 나라방	防 방비할방	芳 꽃다울방	妨 방해할방	方 모방	髮 머리털발	發 필발	拜 절배	背 등배	拔 뺄발	飯 밥반
伯 맏백	百 일백백	白 흰백	[백]	輩 무리배	排 물리칠배	培 곱배	倍 곱배	配 짝배	俳 광대배	拜 절배	繁 성할번	番 차례번	杯 잔배	傍 곁방
[법]	範 법범	汎 넓을범	犯 범할범	[범]	凡 범상할범	罰 벌줄벌	伐 칠벌	[벌]	辨 분별할변	碧 푸를벽	壁 벽벽	[벽]	柏 잣나무백	
竝 아우를병	兵 군사병	丙 남녘병	[병]	別 다를별	變 변할변	譜 족보보	補 도울보	邊 변두리변	辯 말잘할변	步 걸음보	普 넓을보	法 법법		
復 회복할복(부)	服 옷복	伏 엎드릴복	卜 점칠복	[복]	寶 보배보	峯 봉우리봉	封 봉할봉	逢 만날봉	蜂 벌봉	報 고할보	奉 받들봉	保 보전할보	屏 병풍병	病 병들병
夫 사내부	父 아비부	膚 살갗부	[부]	鳳 새봉	婦 아내부	富 부자부	部 나눌부	符 붙을부	浮 뜰부	赴 다다를부	本 근본본	府 마을부	福 복복	腹 배복
弗 아니불	不 아닐불	副 버금부	腐 썩을부	奮 떨칠분	憤 분할분	紛 어지러울분	粉 가루분	奔 달아날분	分 나눌분	附 붙을부	扶 도울부	否 아니부(비)	複 겹칠복	付 부칠부
悲 슬플비	飛 날비	祕 숨길비	[불]	卑 낮을비	墳 무덤분	非 아닐비	批 비평할비	妃 왕비비	比 견줄비	[비]	北 북녘북(배)	簿 장부부	賦 지을부
			佛 부처불	拂 털불	費 비용비	婢 계집종비	碑 비석비	鼻 코비	崩 무너질붕	朋 벗붕	[붕]	貧 가난할빈	賓 손빈	頻 자주빈
			備 갖출비								[빙]	氷 얼음빙	聘 청할빙	

人

使 부릴사	社 모일사	舍 집사	私 사사사	沙 모래사	似 같을사	死 죽을사	寺 절사	仕 벼슬사	史 사기사	司 맡을사	四 넉사	巳 뱀사	士 선비사	[사]
寫 베낄사	詞 말씀사	絲 실사	斯 이사	詐 속일사	斜 비낄사	捨 버릴사	蛇 뱀사	射 쏠사(야)	師 스승사	査 조사할사	思 생각할사	祀 제사사	事 일사	邪 간사할사
[삼]	殺 죽일살(쇄)	[살]	喪 잃을상	酸 초산	算 셈할산	散 흩을산	産 낳을산	山 뫼산	朔 초하루삭	削 깎을삭	[삭]	辭 말씀사	謝 사례할사	賜 줄사
想 생각할상	色 빛색	塞 변방새(색)	商 장사상	常 항상상	祥 상서상	桑 뽕나무상	霜 서리상	相 서로상	狀 형상상	尚 오히려상	床 평상상	上 위상	森 나무빽빽할삼	三 석삼
索 찾을색(삭)	[색]	빛색	象 형상상	喪 잃을상	[쌍]	雙 둘쌍	償 갚을상	嘗 맛볼상	賞 상줄상	裳 치마상	像 형상상	傷 상할상	詳 자세할상	

[생]	生	[서]	西	序	書	徐	恕	庶	敍	舒	婿	暑	署	緖
	날생		서녘서	차례서	글서	천천할서	용서할서	여럿서	펼서	펼서	사위서	더위서	관청서	실마리서
[석]	夕	石	析	昔	席	惜	釋	[선]	先	仙	宣	旋	船	善
	저녁석	돌석	나눌석	옛석	자리석	아낄석	해석할석		먼저선	신선선	베풀선	돌선	배선	착할선
鮮	選	線	禪	[설]	舌	雪	設	說	[섭]	涉	[성]	成	性	姓
생선선	가릴선	실선	사양할선		혀설	눈설	베풀설	말씀설(세)		물건널섭		이룰성	성품성	성성
星	省	城	盛	聖	誠	聲	[세]	世	洗	細	稅	歲	勢	[소]
별성	살필성(생)	재성	성할성	성스러울성	정성성	소리성		인간세	씻을세	가늘세	세금세	나이세	세력세	
小	少	召	所	昭	笑	消	素	掃	訴	紹	疎	蔬	燒	蘇
작을소	적을소	부를소	바소	밝을소	웃을소	끌소	흴소	쓸소	소송할소	이을소	성길소	나물소	불사를소	깨어날소
騷	[속]	束	俗	速	粟	續	屬	[손]	孫	損	遜	[송]	松	送
떠들소		묶을속	풍속속	빠를속	식량속	이을속	붙일속(촉)		손자손	덜손	순할손		소나무송	보낼송
訟	誦	頌	[쇄]	刷	鎖	[쇠]	衰	[수]	水	手	囚	守	收	秀
소송할송	욀송	칭송할송		박을쇄	쇠사슬쇄		쇠할쇠(최)		물수	손수	가둘수	지킬수	거둘수	빼어날수
受	首	帥	殊	修	授	須	愁	遂	睡	壽	誰	需	數	隨
받을수	머리수	거느릴수	다를수	닦을수	줄수	모름지기수	근심수	드디어수	잠잘수	목숨수	누구수	쓸수	셀수(삭)	따를수
樹	輸	雖	獸	[숙]	叔	孰	宿	淑	肅	熟	[순]	旬	巡	盾
나무수	보낼수	비록수	길짐승수		아재비숙	누구숙	잘숙	맑을숙	엄숙할숙	익을숙		열흘순	순행할순	방패순
殉	純	順	循	脣	舜	瞬	[술]	戌	述	術	[숭]	崇	[습]	拾
따라죽을순	순수할순	순할순	좇을순	입술순	순임금순	눈깜적일순		개술	베풀술	재주술		높을숭		주울습(십)
習	濕	襲	[승]	升	丞	昇	承	乘	勝	僧	[시]	市	示	矢
익힐습	젖을습	엄습할습		되승	이을승	오를승	이을승	탈승	이길승	중승		저자시	보일시	화살시
侍	始	是	施	時	視	試	詩	[씨]	氏	[식]	式	植	食	息
모실시	비로소시	이시	베풀시	때시	볼시	시험할시	시시		성씨		법식	심을식	먹을식(사)	숨쉴식
飾	識	[신]	申	辛	臣	伸	身	信	神	新	晨	愼	[실]	失
꾸밀식	알식(지)		납신	매울신	신하신	펼신	몸신	믿을신	귀신신	새신	새벽신	삼갈신		잃을실
室	實	[심]	心	甚	深	尋	審	[십]	十					
집실	열매실		마음심	심할심	깊을심	찾을심	살필심		열십					

ㅇ

[아]	牙	我	兒	阿	芽	亞	雅	餓	[악]	岳	惡	[안]	安	岸
	어금니아	나아	아이아	언덕아	싹아	버금아	맑을아	주릴아		큰산악	악할악 미워할오		편안할안	언덕안
案	眼	雁	顔	[알]	謁	[암]	暗	巖	[압]	押	壓	[앙]	央	仰
책상안	눈안	기러기안	얼굴안		아뢸알		어두울암	바위암		수결둘압	누를압		가운데앙	우러러볼앙
殃	[애]	哀	涯	愛	[액]	厄	液	額	[야]	也	夜	耶	野	[약]
재앙앙		슬플애	물가애	사랑애		재앙액	진액	이마액		잇기야	밤야	어조사야	들야	
若	約	弱	藥	[양]	羊	洋	陽	揚	楊	養	壤	讓	[어]	於
같을약	약속할약	약할약	약약		양양	큰바다양	햇볕양	날릴양	버들양	기를양	흙양	사양할양		어조사어(오)
魚	御	語	漁	[억]	抑	億	憶	[언]	言	焉	[엄]	嚴	[업]	業
물고기어	모실어	말씀어	고기잡을어		누를억	억억	생각할억		말씀언	어찌언		엄할엄		일업
[여]	予	余	汝	如	與	餘	輿	[역]	亦	役	易	疫	逆	域
	나여	나여	너여	같을여	줄여	남을여	수레여		또역	부릴역	바꿀역(이)	전염병역	거스를역	지경역
譯	驛	[연]	延	沿	研	宴	軟	硯	然	煙	鉛	演	緣	燕
통역할역	역마역		벋을연	물따라갈연	갈연	잔치연	연할연	벼루연	그럴연	연기연	납연	익힐연	인연연	제비연
燃	[열]	悅	熱	[염]	炎	染	鹽	[엽]	葉	[영]	永	泳	英	迎
불탈연		기쁠열	더울열		불꽃염	물들일염	소금염		잎사귀엽		길영	헤엄칠영	꽃부리영	맞을영
映	詠	榮	影	營	[예]	銳	豫	藝	譽	[오]	五	午	吾	汚
비칠영	읊을영	영화영	그림자영	경영할영		날카로울예	미리예	재주예	명예예		다섯오	낮오	나오	더러울오
悟	烏	梧	娛	嗚	傲	誤	[옥]	玉	屋	獄	[온]	溫	[옹]	翁
깨달을오	까마귀오	오동나무오	즐거울오	탄식할오	거만할오	그릇오		구슬옥	집옥	감옥옥		따뜻할온		늙은이옹

| [와] | 瓦 기와와 | 臥 누울와 | [완] | 完 완전할완 | 緩 느릴완 | [왈] | 曰 말할왈 | [왕] | 王 임금왕 | 往 갈왕 | [외] | 外 바깥외 | 畏 두려워할외 | [요] | 庸 떳떳할용 |

실제 원문 레이아웃이 복잡하여 표 대신 원문 순서대로 나열합니다:

[와] 瓦 기와와 / 臥 누울와
要 중요할요 / 腰 허리요 / 搖 흔들요 / [완] 遙 멀요 / 完 완전할완 / 謠 노래요 / 緩 느릴완 / [욕] 辱 욕될욕 / [왈] 浴 목욕할욕 / 曰 말할왈 / 欲 욕심욕 / [왕] 宇 집우 / 雨 비우 / 王 임금왕 / [원] / 往 갈왕 / 偶 짝우 / 郵 우편우 / [외] 原 근원원 / 員 인원원 / 外 바깥외 / 勇 날랭용 / 遇 만날우 / 遠 멀원 / 畏 두려워할외 / 容 얼굴용 / 愚 어리석을우 / 院 집원 / 胃 밥통위 / [요] 庸 떳떳할용 / 憂 근심우 / 願 원할원 / 爲 하위

又 또우 / 于 어조사우 / 尤 더욱우 / 友 벗우 / 牛 소우 / 右 오른쪽우

[우] 優 넉넉할우 / [운] 云 이를운 / 雲 구름운 / 運 옮길운 / 韻 울림운 / 月 달월 / 雄 수컷웅 / [원] 元 으뜸원 / 危 위태할위 / 位 벼슬위 / 委 맡길위 / 威 위엄위 / 悠 멀유 / 油 기름유

圓 둥글원 / 園 동산원 / 怨 원망할원 / 援 도울원 / 源 근원원 / [월] 越 넘을월 / 謂 이를위 / [유] 由 말미암을유 / 幼 어릴유 / 有 있을유 / 酉 닭유 / 遺 끼칠유 / 肉 고기육

圍 둘레원 / 僞 거짓위 / 偉 훌륭할위 / 違 어길위 / 衛 호위할위 / 慰 위로할위 / 緯 씨위 / 裕 넉넉할유 / 維 벼리유 / 儒 선비유 / 誘 꾀일유 / [육]

乳 젖유 / 柔 부드러울유 / 猶 오히려유 / 幽 그윽할유 / 唯 오직유 / 惟 생각유 / 愈 우수할유 / 遊 놀유 / 乙 새을 / 矣 어조사의 / 宜 마땅의 / 吟 읊을음 / 淫 음란할음

育 기를육 / [윤] 尹 다스릴윤 / 閏 윤달윤 / 潤 붙을윤 / 恩 은혜은 / 銀 은은 / 隱 숨을은 / [을] 依 의지할의 / 意 뜻의 / 音 소리음 / 儀 거동의

陰 그늘음 / 飮 마실음 / [읍] 議 의논할의 / 邑 고을읍 / [응] 應 응할응 / 衣 옷의 / 夷 오랑캐이 / 移 옮길이 / 異 다를이 / 義 옳을의 / 益 더할익

疑 의심할의 / 醫 의원의 / 泣 소리없이울읍 / [이] 二 두이 / 已 이미이 / 以 써이 / 耳 귀이 / 姻 혼인할인 / 認 인정할인 / 貳 두이 / [일] 日 날일

翼 날개익 / [인] 人 사람인 / 刃 칼날인 / 仁 어질인 / 引 끌인 / 因 인할인 / 而 말이을이 / 忍 참을인 / 寅 범인 / 一 한일

壹 한일 / 逸 잃을일 / [임] 壬 천간임 / 任 맡길임 / 賃 맡길임 / [입] 入 들입 / 印 도장인

〔ㅈ〕

[자] 子 아들자 / 自 스스로자 / 字 글자자 / 姉 맏누이자 / 玆 이자 / 者 놈자 / 刺 찌를자(척) / 姿 맵시자 / 恣 방자할자 / 紫 자줏빛자 / 雌 암컷자 / 資 재물자 / 慈 사랑자 / [작]

作 지을작 / 昨 어제작 / 酌 잔질할작 / 爵 벼슬작 / [잔] 殘 남을잔 / 暫 잠깐잠 / 潛 잠길잠 / 蠶 누에잠 / [잡] 雜 섞일잡 / 丈 길장 / 壯 장할장

長 긴장 / 莊 씩씩할장 / 帳 휘장장 / 場 마당장 / 將 장수장 / 章 글장 / 掌 손바닥장 / 葬 장사지낼장 / 粧 단장할장 / 張 베풀장 / 腸 창자장 / 障 막을장 / 獎 권장할장 / 墻 담장

藏 감출장 / 臟 오장장 / [재] 才 재주재 / 再 두재 / 在 있을재 / 材 재목재 / 災 재앙재 / 哉 어조사재 / 財 재물재 / 栽 심을재 / 裁 마를재 / 載 실을재 / [쟁] 爭 다툴쟁

[저] 低 낮을저 / 抵 막을저 / 底 밑저 / 著 나타날저(착) / 貯 쌓을저 / 赤 붉을적 / 的 과녁적 / 寂 고요할적 / 賊 도둑적 / 跡 발자취적 / 摘 딸적 / 敵 원수적 / 適 맞을적 / 戰 싸움전

滴 물방울적 / 積 쌓을적 / 績 길쌈적 / 蹟 자취적 / 籍 호적적 / [전] 田 밭전 / 全 온전할전 / 典 법전 / 前 앞전 / 展 펼전 / 專 오로지전 / 電 번개전 / 傳 오로지전 / 蝶 나비접

錢 돈전 / 轉 구를전 / [절] 切 끊을절 / 折 꺾을절 / 絶 끊을절 / 節 마디절 / 占 점칠점 / 店 가게점 / 漸 차차점 / 點 점점 / 頂 정수리정 / 接 맞을접 / 情 뜻정

[정] 丁 고무래정 / 井 우물정 / 正 바를정 / 廷 조정정 / 定 정할정 / 征 칠정 / 政 정사정 / 貞 곧을정 / 訂 바로잡을정 / 停 머무를정 / 庭 뜰정 / 堤 둑제

淨 깨끗할정 / 程 법정 / 精 정할정 / 鄭 나라이름정 / 整 정돈할정 / 靜 고요할정 / [제] 弟 아우제 / 制 지을제 / 帝 임금제 / 除 제할제 / 祭 제사제 / 提 들제 / 鳥 새조

製 지을제 / 際 사귈제 / 齊 가지런할제 / 諸 모두제 / 題 제목제 / 濟 구제할제 / 弔 조상할조 / 早 이를조 / 兆 조짐조 / 助 도울조 / 祖 할아비조 / 租 세금조 / 尊 높을존

條 가지조 / 造 지을조 / 組 짤조 / 朝 아침조 / 照 비칠조 / 調 고를조 / 操 조수조 / 燥 마를조 / [족] 足 발족 / 族 겨레족 / [존] 存 있을존

[졸] 卒 군사졸 / 拙 옹졸할졸 / [종] 宗 마루종 / 從 좇을종 / 終 마칠종 / 種 씨종 / 縱 세로종 / 鐘 쇠북종 / [좌] 左 왼쪽좌 / 坐 앉을좌 / 佐 도울좌 / 座 자리좌

[주]	主 주인주	朱 붉을주	舟 배주	州 고을주	走 달아날주	住 머무를주	周 두루주	注 물댈주	宙 집주	柱 기둥주	洲 물가주	株 그루주
[죄] 罪 허물죄	酒 술주	[죽] 竹 대죽	准 평평할준	俊 준걸준	準 법도준	仲 버금중	衆 무리중					[즉]
書 낮주	即 곧즉	[증] 症 병세증	曾 일찍증	蒸 증기증	增 더할증	憎 미워할증	贈 줄증	證 증거증	重 무거울중	重 무거울중		至 이를지
	地 땅지	池 못지	志 뜻지	知 알지	枝 가지지	持 가질지	指 손가락지	紙 종이지	智 지혜지	[중] 之 갈지	止 그칠지	織 짤직
[진]	辰 별진(신)	珍 보배진	振 떨칠진	眞 참진	陣 베풀진	陳 베풀진	進 나아갈진	盡 다할진	誌 기록할지	[지] 遲 더딜지	直 곧을직	職 벼슬직
[집]	執 잡을집	集 모을집	[징]	徵 부를징	懲 징계할징			鎭 진압할진		姪 조카질	秩 차례질	疾 병질
										[질]		質 바탕질(지)

ㅊ

[차]	且 또차	次 버금차	此 이차	借 빌릴차	差 어긋날차	[착]	捉 잡을착	着 붙을착	錯 그를착(조)	[찬]	贊 찬성할찬	讚 칭찬할찬	[찰]	察 살필찰
[참]	參 참여할참(삼)	慘 슬플참	慙 부끄러울참	[창]	昌 창성할창	倉 창고창	唱 노래부를창	窓 창창	創 다칠창	蒼 푸를창	滄 바다창	暢 화창할창	[채]	菜 나물채
採 캘채	彩 무늬채	債 빚질채	[책]	册 책책	責 꾸짖을책	策 꾀책	[처]	妻 아내처	悽 슬플처	處 곳처	[척]	尺 자척	拓 넓힐척(탁)
戚 친척척	[천]	千 일천천	川 내천	天 하늘천	泉 샘천	淺 얕을천	遷 옮길천	薦 드릴천	踐 밟을천	賤 천할천	斥 내칠척	綴 잇댈철	徹 관철할철
轍 바퀴자국철	鐵 쇠철	[첨]	尖 뾰족할첨	添 더할첨	[첩]	妾 첩첩	[청]	靑 푸를청	淸 맑을청	晴 갤청	請 청할청	聽 들을청	廳 관청마루청	[체]
替 바꿀체	遞 우체체	體 몸체	肖 같을초	抄 베낄초	初 처음초	招 부를초	草 풀초	秒 초침초	超 뛰어넘을초	礎 주춧돌초	[촉]	促 재촉할촉	燭 촛불촉
觸 닿을촉	[촌]	寸 마디촌	村 마을촌	[총]	銃 총총	聰 귀밝을총	總 거느릴총	[최]	最 가장최	催 재촉할최	[추]	抽 뽑을추	秋 가을추	追 쫓을추
推 밀추(퇴)	醜 추할추	[축]	丑 소축	祝 빌축	畜 가축축	逐 쫓을축	蓄 저축할축	築 쌓을축	縮 줄축	[출]	出 날출	[충]
充 채울충	忠 충성충	衝 찌를충	蟲 벌레충	吹 불취	取 취할취	臭 냄새취	就 이룰취	醉 취할취	趣 취미취	[측]	側 곁측	測 측량할측
層 층층	[치]	治 다스릴치	致 이를치	恥 부끄러울치	値 값치	置 둘치	稚 어릴치	齒 이치	[칙] 則 법칙(즉)		親 친할친	[칠]	七 일곱칠
漆 옻칠할칠	[침]	沈 잠길침	枕 베개침	侵 범할침	針 바늘침	浸 적실침	寢 잠잘침	[칭] 稱 일컬을칭				

| [쾌] | 快 쾌할쾌 |

[타]	他 다를타	打 칠타	妥 타협할타	墮 떨어질타	[탁]	托 동냥할탁	琢 옥다듬을탁	濁 흐릴탁	濯 빨탁	[탄]	炭 숯탄	彈 탄환통길탄	歎 탄식할탄	[탈]
脫 벗을탈	奪 빼앗을탈	[탐]	探 찾을탐	貪 탐낼탐	[탑]	塔 탑탑	[탕]	湯 끓일탕	[태]	太 클태콩태	殆 위태로울태	怠 게으를태	泰 클태	態 모양태
[택]	宅 집택(댁)	澤 못택	擇 가릴택	[토]	土 흙토	吐 토할토	兎 토끼토	討 칠토	[통]	通 통할통	統 거느릴통	痛 아플통	[퇴]	退 물러날퇴
[투]	投 던질투	透 통할투	鬪 싸울투	[특]	特 특별할특

ㅍ

[패]	[팔]	[폐]				[편]	[포]			[표]	[피]
閉 닫을폐	八 여덟팔	肺 허파폐	販 팔판	版 조각판	板 널판	[판]	播 뿌릴파	頗 치우칠파	破 깨뜨릴파	派 물결파	波 물결파	[파]
幅 넓이폭	肺	閉	評 평론할평	坪 평수평	平 평평할평	判 판단할판	遍 두루편	便 편할편	片 조각편		敗 패할패	貝 조개패
彼 저피	[폭]	弊 폐단폐	飽 배부를포	捕 잡을포	浦 물가포	[평]	布 베포	[편]	廢 폐할폐	蔽 가릴폐		幣 화폐폐
皮 가죽피	暴 사나울포(폭)		豊 풍년풍	楓 단풍나무풍	風 바람풍	編 엮을편	包 쌀포		票 표	表 거죽표		爆 폭발할폭
	[피]					篇 책편	抱 안을포	[품]	漂 뜰표	[표]		被 없을피
					胞 태포	[품]	畢 마칠필			疲 고달플피
							品 물건품	筆 붓필	匹 짝필(목)	[필]		避 피할피
									必 반드시필			

ㅎ

[하]						[학]		[한]			
限 한정한	恨 원한한	旱 가물한	汗 땀한	[한]	鶴 학학	學 배울학	賀 하례할하	夏 여름하	荷 멜하	河 물하	何 어찌하	下 아래하
[항]	合 합할합	[합]	艦 싸움매함	陷 빠질함	函 상자함	咸 다함	[할]	割 나눌할	[할]		漢 한수한	閑 한가할한	寒 찰한
核 씨핵	[핵]	該 해당할해	解 풀해	奚 어찌해	海 바다해	害 해칠해	含 머금을함	港 항구항	項 목항	巷 거리항	恒 항상항	抗 항거할항
憲 법헌	軒 추녀끝헌	[헌]	虛 빌허	許 허락할허	[허]	玄 검을현	[해]	享 누릴향	向 향할향	航 배로물건널항	行 갈행(항)	[행]
顯 나타날현	懸 매달현	縣 고을현	絃 악기줄현	弦 활시위현	賢 어질현	現 나타날현	亥 돼지해	香 향기향	[향]	驗 시험할험	[힘]	獻 드릴헌
惠 은혜혜	兮 어조사혜	[혜]	形 얼굴형	螢 반딧불형	亨 형통할형	刑 형벌형	鄕 고을향	革 가죽혁	[혁]	險 험할험	穴 구멍혈	[혈]
護 보호할호	號 부를호	湖 호수호	豪 호걸호	毫 터럭호	浩 넓고클호	胡 오랑캐호	兄 맏형	好 좋을호	婚 혼인할혼	協 도울협	血 피혈	慧 지혜혜
鴻 큰기러기홍	紅 붉을홍	洪 넓을홍	弘 클홍	[홍]	忽 홀연홀	[홀]	呼 부를호	混 섞을혼	昏 어두울혼	脅 갈비협	乎 오조사호	[호]
穫 곡식거둘확	擴 넓힐확	確 확실할확	荒 거칠황	禍 재화화	貨 재물화	華 빛날화	虎 범호	花 꽃화	和 화할화	好 좋을호	互 서로호	戶 집호
[회]	黃 누를황	皇 임금황	況 하물며황	[확]	活 살활	話 이야기화	畫 그림화(획)	換 바꿀환	還 돌아올환	或 혹혹	惑 의혹혹	[혹]
後 뒤후	曉 새벽효	孝 효도효	橫 가로횡	輝 빛날휘	[활]	獲 얻을획	歡 기뻐할환	懷 품을회	[혹]	丸 알환	火 불화	[화]
休 쉴휴	輝 빛날휘	效 본받을효	毀 헐훼	揮 휘두를휘	[휘]	劃 그을획	嗅 냄새맡을후	會 모을회	悔 뉘우칠회	患 근심환	回 돌아올회	[환]
熙 빛날희	喜 기쁠희	稀 드물희	希 바랄희	[희]	興 일어날흥	訓 가르칠훈	黑 검을흑	厚 두터울후	喉 목구멍후	灰 재회	候 날씨후	侯 제후후
噫 느낄희(애)	戱 희롱할희	乞 빌,거지걸	隔 막힐격	牽 끌견	繫 맬계	狂 미칠광	軌 굴대궤	糾 살필규	塗 바를도	屯 모일둔	騰 오를등	獵 사냥할렵	攜 가질,이끌휴	[흉]	凶 흉할흉	胸 가슴흉
隷 종례	僚 동료료	侮 업신여길모	冒 무릅쓸모	伴 짝반	覆 엎을복	誓 맹세할서	逝 갈서	攝 끌어잡을섭	垂 드릴수	搜 찾을수
押 눌러놓을압	躍 뛸약	閱 검열할열	擁 안을옹	凝 엉길응	宰 재상재	殿 큰집전	竊 훔칠절	奏 아뢸주	珠 구슬주	鑄 쇠부어만들주
震 벼락진	滯 막힐체	逮 미칠체	遞 갈마들체	秒 초초	卓 높을탁	誕 태어날탄	把 잡을파	偏 치우칠편	嫌 싫어할혐	衡 저울대형

두 가지 이상의 음을 가진 한자

降	내릴 / 항복할	강 / 항	降雨量(강우량) / 降伏(항복)	省	살필 / 덜	성 / 생	反省(반성) / 省略(생략)
更	다시 / 고칠	갱 / 경	更生(갱생) / 更張(경장)	數	셈 / 자주	수 / 삭	數學(수학) / 數數(삭삭)
車	수레 / 수레	거 / 차	車馬費(거마비) / 車庫(차고)	宿	잘 / 별이름	숙 / 수	宿食(숙식) / 星宿(성수)
見	볼 / 드러날	견 / 현	見聞(견문) / 見齒(현치)	拾	주울 / 열	습 / 십	拾得(습득) / 參拾(삼십)
金	쇠 / 성	금 / 김	金屬(금속) / 金氏(김씨)	食	밥 / 밥	식 / 사	飮食(음식) / 飯疏食(반소사)
內	안 / 여관	내 / 나	內外(내외) / 內人(나인)	識	알 / 기록할	식 / 지	知識(지식) / 標識(표지)
度	법도 / 헤아릴	도 / 탁	制度(제도) / 度地(탁지)	惡	악할 / 미워할	악 / 오	善惡(선악) / 憎惡(증오)
讀	읽을 / 구절	독 / 두	讀書(독서) / 句讀點(구두점)	易	바꿀 / 쉬울	역 / 이	交易(교역) / 容易(용이)
洞	마을 / 통할	동 / 통	洞里(동리) / 洞察(통찰)	切	끊을 / 모두	절 / 체	切斷(절단) / 一切(일체)
樂	즐길 / 풍류 / 좋아할	락 / 악 / 요	苦樂(고락) / 音樂(음악) / 樂山(요산)	辰	별 / 날	진 / 신	辰時(진시) / 生辰(생신)
復	회복할 / 다시	복 / 부	回復(회복) / 復活(부활)	參	참여할 / 석	참 / 삼	參席(참석) / 參萬(삼만)
否	아닐 / 막힐	부 / 비	否定(부정) / 否塞(비색)	則	법 / 곧	칙 / 즉	規則(규칙) / 然則(연즉)
北	북녘 / 달아날	북 / 배	南北(남북) / 敗北(패배)	宅	집 / 댁	택 / 대	住宅(주택) / 宅內(댁내)
狀	형상 / 문서	상 / 장	狀態(상태) / 賞狀(상장)	暴	사나울 / 사나울	폭 / 포	暴徒(폭도) / 暴惡(포악)
殺	죽일 / 감할	살 / 쇄	殺生(살생) / 相殺(상쇄)	便	편할 / 오줌	편 / 변	便利(편리) / 便所(변소)
說	말씀 / 달랠 / 기쁠	설 / 세 / 열	說明(설명) / 遊說(유세) / 說乎(열호)	行	다닐 / 항렬	행 / 항	行路(행로) / 行列(항렬)
				畫	그림 / 그을	화 / 획	圖畫(도화) / 畫順(획순)

상대적인 뜻을 가진 한자

加 [더할 가]	⇔	減 [덜 감]	先 [먼저 선]	⇔	後 [뒤 후]
可 [옳을 가]	⇔	否 [아닐 부]	善 [착할 선]	⇔	惡 [악할 악]
甘 [달 감]	⇔	苦 [쓸 고]	送 [보낼 송]	⇔	迎 [맞을 영]
強 [강할 강]	⇔	弱 [약할 약]	首 [머리 수]	⇔	尾 [꼬리 미]
開 [열 개]	⇔	閉 [닫을 폐]	受 [받을 수]	⇔	授 [줄 수]
客 [손 객]	⇔	主 [주인 주]	勝 [이길 승]	⇔	敗 [패할 패]
去 [갈 거]	⇔	來 [올 래]	是 [옳을 시]	⇔	非 [아닐 비]
乾 [하늘 건]	⇔	坤 [땅 곤]	始 [비로소 시]	⇔	終 [마칠 종]
京 [서울 경]	⇔	鄉 [시골 향]	新 [새 신]	⇔	舊 [예 구]
輕 [가벼울 경]	⇔	重 [무거울 중]	深 [깊을 심]	⇔	淺 [얕을 천]
苦 [괴로울 고]	⇔	樂 [즐거울 락]	哀 [슬플 애]	⇔	歡 [기쁠 환]
高 [높을 고]	⇔	低 [낮을 저]	溫 [따뜻할 온]	⇔	冷 [찰 랭]
古 [예 고]	⇔	今 [이제 금]	往 [갈 왕]	⇔	來 [올 래]
曲 [굽을 곡]	⇔	直 [곧을 직]	遠 [멀 원]	⇔	近 [가까울 근]
功 [공 공]	⇔	過 [허물 과]	有 [있을 유]	⇔	無 [없을 무]
公 [공평할 공]	⇔	私 [사사로울 사]	陰 [그늘 음]	⇔	陽 [볕 양]
敎 [가르칠 교]	⇔	學 [배울 학]	因 [인할 인]	⇔	果 [과연 과]
禁 [금할 금]	⇔	許 [허락할 허]	自 [스스로 자]	⇔	他 [남 타]
吉 [길할 길]	⇔	凶 [언짢을 흉]	長 [길 장]	⇔	短 [짧을 단]
暖 [따뜻할 난]	⇔	冷 [찰 랭]	前 [앞 전]	⇔	後 [뒤 후]
難 [어려울 난]	⇔	易 [쉬울 이]	正 [바를 정]	⇔	誤 [그르칠 오]
內 [안 내]	⇔	外 [바깥 외]	早 [일찍 조]	⇔	晚 [늦을 만]
多 [많을 다]	⇔	少 [적을 소]	朝 [아침 조]	⇔	夕 [저녁 석]
大 [큰 대]	⇔	小 [작을 소]	祖 [할아비 조]	⇔	孫 [손자 손]
同 [한가지 동]	⇔	異 [다를 이]	左 [왼쪽 좌]	⇔	右 [오른쪽 우]
動 [움직일 동]	⇔	靜 [고요할 정]	晝 [낮 주]	⇔	夜 [밤 야]
得 [얻을 득]	⇔	失 [잃을 실]	眞 [참 진]	⇔	假 [거짓 가]
老 [늙을 로]	⇔	少 [젊을 소]	進 [나아갈 진]	⇔	退 [물러갈 퇴]
利 [이로울 리]	⇔	害 [해로울 해]	集 [모을 집]	⇔	散 [흐터질 산]
賣 [살 매]	⇔	買 [팔 매]	天 [하늘 천]	⇔	地 [땅 지]
明 [밝을 명]	⇔	暗 [어두울 암]	初 [처음 초]	⇔	終 [마칠 종]
問 [물을 문]	⇔	答 [대답할 답]	出 [나갈 출]	⇔	入 [들 입]
發 [떠날 발]	⇔	着 [붙을 착]	豊 [풍년 풍]	⇔	凶 [흉년 흉]
本 [근본 본]	⇔	末 [끝 말]	彼 [저 피]	⇔	此 [이 차]
貧 [가난할 빈]	⇔	富 [부자 부]	寒 [찰 한]	⇔	暑 [더울 서]
死 [죽을 사]	⇔	活 [살 활]	黑 [검을 흑]	⇔	白 [흰 백]
上 [위 상]	⇔	下 [아래 하]	興 [흥할 흥]	⇔	亡 [망할 망]
生 [날, 살 생]	⇔	死 [죽을 사]	喜 [기쁠 희]	⇔	悲 [슬플 비]